北平杂记

悦读季大家小书院

齐如山 著

CHISO 新疆青少年出版社

图书在版编目（CIP）数据

北平杂记 / 齐如山著. —— 乌鲁木齐：新疆青少年
出版社, 2023.11
（悦读季大家小书院）
ISBN 978-7-5590-9986-0

Ⅰ.①北… Ⅱ.①齐… Ⅲ.①北京 – 地方史 – 史料
Ⅳ.①K291

中国国家版本馆CIP数据核字（2023）第215281号

悦读季大家小书院

北平杂记
BEIPING ZAJI

齐如山 著

出版发行	新疆青少年出版社有限公司
社　　址	乌鲁木齐市北京北路29号
电　　话	0991-6239231（编辑部）
经　　销	各地新华书店
印　　刷	三河市金泰源印务有限公司
法律顾问	王冠华 18699089007
开　　本	850 mm×1168 mm　1/32
印　　张	7
版　　次	2023年11月第1版
印　　次	2024年5月第1次印刷
书　　号	ISBN 978-7-5590-9986-0
定　　价	48.00元

新疆青少年出版社有限公司官网　http://www.qingshao.net
新疆青少年出版社有限公司天猫旗舰店　http://xjqss.tmall.com

CHISO 新疆青少年出版社

目录

北平

一、前言

友人嘱写写北平的情形，按北平建都七八百年，各省人都有，是人人知道的，不必介绍；不过自民国十七年，政府迁到南京之后，往北平的人渐渐减少，于是真知道北平的人，当然也就日见其少。照这样说，是应该写写的。不过未写之前，须先声明一句，这里并非考古，若想考古，则有金、元、明等朝的正史，及各种志书在，里边记载的都很详细，不必我再饶舌。现在只把我几十年来，耳所闻、目所睹的实在情形来谈谈，不过谈起来话也很长，若想详细地写写，则非几十万字，乃至百万字才成。倘写那许多的字数，则不但非此文所能允许，且恐读者因嫌太长，根本就不愿看了，所以只能简单着写写。但简单只管简单，可以说都是紧要的事情，而且都是史书志书中不载的事情，如此则于读者，方能感到兴趣，而或者有益。若大量的把史书志书抄来，则大家自可看原书，何必看抄的这个呢？是不但于读者无益，而且令识者齿冷。还有一层，我手下一本书也没有，又从何处抄起呢？

提起北平来，确是一个使人留恋不忘的大城，吾国人无论南方人、北方人，凡在北平居住过的，都认为他是全国最好的一个城。就是各国人之到过北平者，对于他也都是刻不去怀的思念。我在瑞士国看到一位瑞士的小姑娘，才十七岁，他在北平住过十年，他回到本国之后，时时念及北平，后来渐渐忘却，但有人一提北平他就要哭。又有一位美国人，他已六十余岁，他说世界上最好的地方，莫过于北平。我问他，北平什么事情最好？他说都好，有一件事情，我可以对您谈谈："我前者回到美国，到了家乡，看到我的儿子孙子，自然很高兴。一次小孙子淘气，我打了他脊背一下，我的儿媳妇，登时不高兴，问我，你凭什么资格打我的孩子呢？我听到这句话，我真是立刻就想回北平，永远不再回美国。在北平是什么都好，就只说家庭的情形，那真是人生的热情，家庭的温暖，永远是甜蜜的。爷爷、儿子、儿媳妇、孙子、孙女，住在一起，每日工作回来，儿媳妇接大衣，给倒茶，问长问短，吃饭的时候，给你盛饭。小孙子前来管爷爷要钱，买糖果吃，你就是没有钱，你也愿意给他，一家子熙熙融融，多有意思。最有意味的，是小孙子偶尔淘气，妈妈说他，他不听，妈妈便说，再不听话，爷爷就要打了。听到这句话，心中不但高兴，而且舒服。这些情形，在西洋各国一定没有，美国就更不必说了。美国家庭的情形，仿佛永远和在法庭上一样，是讲法律的，父母到儿子媳妇家中，就是客人，其实客人二字就等于路人，于是暗含着都讲合法，就像我不过摸了小孩子一下，他妈妈就问我凭什么资格打他的孩子，这岂不是讲法律！这种风气，离血统人情太远，所以永远愿居住北平。"他这一套话，虽然是有感而言，但也确系实情。我对他说："中国的礼教都是如此，各处皆然，不止北平。"他说固然如此，但其他的城池就不成，如台湾就差的很多。按北平这个城中，优良的风俗，确是很多，第一是纯朴，虽然做了七八百年的都城，但浮华的风气总很少，不像上海，做码头不过百余年耳，其浮华叫嚣之风，已令人不能暂且忍受。北平则绝无机巧奸诈，斗心眼，坑陷人之情事；就是商家，也多是规规矩矩的做生意，绝没有投机倒把，买空卖空等等的情形。真可以说是融融、和和，承平世界。总之要想写北平的情形，是可以写或该写的都太多，写不胜写，现在只把较为有趣味的事情，大家不容易听到的事情写写，然而即此已经够写的了。

二、北平的沿革和形势

北平是古代禹贡冀州的地方，在颛顼时代名幽陵，帝尧时代名幽都，帝舜时代名幽州，夏、商都名冀州，周代也名幽州。春秋、战国时代为燕国，秦为上谷、渔阳二郡。汉代初为燕国，又分置涿郡，到了元凤初年，改燕国为广阳郡，本始初年，改为广阳国。三国魏改为燕郡，晋名燕国。以后符坚、慕容垂、慕容儁，曾在此地建都，后魏也为燕都。隋初废郡，仍名幽州，大业初年，改名涿郡。唐初又名幽州，天宝初年名范阳郡，唐末为刘仁恭据有，后唐也名幽州。石（敬瑭）晋初年，归于契丹，改名南京幽都府，又改为燕京析津府。宋宣和初年，改为燕山府，金仍名燕京析津府。废主亮改为中都大兴府。蒙古初为燕京路，至元初年，名大都。明代初年名北平府，永乐初年建北京，七年改为顺天府。

北平有险峻的关山，有流通的川泽，形势雄强，号为天府。周代的召公初封于此，享受国祚八百年，开辟千里的国境。汉代以后,幽燕都是国家的重镇,东汉光武借幽燕的兵力,恢复汉业。

后来慕容隽窃据此地,便兼并河北。唐代中季,渔阳鼙鼓,藩镇叛乱,一直和唐代相终始。石晋以燕云十六州,奉与契丹,跟着便有出帝之祸。宋代虽然有意恢复燕云,但是力量不够,靖康的耻辱,又和石晋相像。自从契丹、女真,以及蒙古,前后建都燕京,而中原受其控制达数百年之久。金代梁襄曾说:

> 燕都地处雄要,北倚山险,南压区夏,若坐堂皇,而俯视庭宇也。又居庸、古北、松亭诸关,东西千里,险峻相连,近在京畿,据守尤易。

元代木华黎又说:

> 幽燕之地,形势雄伟,南控江淮,北连朔漠,驻跸之所,非燕不可。

所以从明成祖在燕都建藩,就凭借这一地理形势而统一全国。或者有人说:燕都北方有边防要塞,南方和齐赵相通,固然成为用兵之地,但飞刍挽粟,非跋涉数千里之外不为功,似乎不是万全之计。元代虞集曾说：

> 京师之东，濒海数千里，北极达海，南连青齐，
> 萑苇之场也。而海潮日至，淤为沃壤，宜用南人法
> 筑堤，捍水为田，召富民耕之，三年而征其税，可
> 以卫京师，可以防岛夷，可以省海运矣。

后来至正初年，脱脱做宰相，就用此一策略，立分司农
司，西面从西山起，一直到南方的保定、河间，北面到檀、顺，
东面到迁民镇，都设法开垦和屯兵，后来又停顿了。明代徐
贞明说：

> 京东诸州邑，皆负山控海，负山则泉深而土泽，
> 控海则潮淤而壤沃；自密云以东至蓟州永平之境，
> 河泉流注，疏渠溉田，为力甚易。而丰润境内濒海
> 之田，几二百里，与吴越沃区相埒，国家据上游以
> 控交合，而远资东南数千里难致之饷，近弃可耕之
> 田为污莱沮泽，岂计之得者乎？

现代的北平，是辽、金、元以来的故都。旧志：
辽太宗耶律德光升幽州为南京，亦曰燕京，改筑都城，

其地在城西南内为皇城——金废主完颜亮改燕京为中都，命增广都城——至元初，于旧城东北改筑都城，亦建皇城于其中。明永乐初，建为北京，四年，营建宫殿，百度维新。嘉靖二十三年，又筑重城包京城南面，转抱东西角楼；四十二年，又增修各门瓮城，是后以时修治，所谓京邑翼翼，四方之极也。

北平是我国故都中，最近海而足以供吐故纳新的都会，他的铁道，四通八达，平津间二三小时即到，虽不滨海而几等于滨海。纵使大沽口冬天成为冻港，然另外有一秦皇岛的不冻港，也是北宁路所经过的所在。

国父《实业计划》，尝以青河口和滦河口距离渤海深水线比较近，要在此两口间筑一个北方大港，如果实行，那么秦皇岛离北平更近了。

以上所说的是北平的历史沿革和地理形势。从前曾和友人谈到北平，我说："北平实在太美了，中西合璧，贫富咸宜，各安所安，各乐所乐的社会环境；宫阙嵯峨、湖山明秀、园林整洁、寺观幽深的地理环境，有很多为别处找不到的特色。"友人的看法，则又不同，当时他说："你这些都是一种消闲享乐的看法，北平实在没有一点蓬勃的生机，而充满了深沉的暮气，笼罩着偌大的城池。在中国历史上不知埋葬了多少的青年志士。我看他只是葬送历代皇朝的坟墓，而不是创业垂统的源泉。雄丽的皇宫，虽值着欣赏，而沦落的皇子王孙，尤令人悲悯不已。煤山的柏树，是缢死崇祯的工具；南海的瀛台，是囚死光绪的监牢。历史上的悲剧，很多都是从那里演出，残渣剩滓，有何值得赞美和留恋呢？"友人这番说法，不无有多少愤激的成分，然而就中国地势而论，北平的重要，是不能忽视的，他是控制东北数省，以及热河、察哈尔、绥远、外蒙，对内对外军事交通的枢纽，是国防上的重镇。同时河北省境内，储有相当富厚的铁和煤；四邻各省，无论矿产和农产，都以北平为集散地。所以在经济方面，也是适宜于建设轻重工业的区域。因此我对于北平，不是重视他的陈旧静止的历史，而是重视他重新创造的将来。……北平，我们既珍惜他的往史，更重视他的形势，自应该将他好好的重建，使之在我国国防上和文化上更具有优越的地位。

三、前清上朝的情形

　　谈起前清皇帝每日上朝办公来，说庄严是非常的庄严，说腐败也非常的腐败。按皇帝在便殿，与群臣随便宴聚的时候，有如家人父子，师生朋友一个样，是很随便的，例如大家常传说纪文达公晓岚，呼乾隆皇帝为老头子等等，是往往有的事情，但这些事都未见过正式的记载，不必详谈。但如尹文端公继善给自己的姨太太作赞语一事，有两三种正式的笔记都载过，实事如下：乾隆因西域凯旋，画功臣于紫光阁，与群臣在便殿中吃饭并商议此事，尹继善当然亦在座，因尹之妾所生女，指为皇子之妃，于是封其妾为三品；又其妾手纹，系十指九斗，俗传此为贵相，于是各功臣同他开玩笑，乾隆大乐，因命尹代其妾作赞语。尹即席作成曰：继善小妾，侍臣最久，貌虽不都，亦不甚丑，恰有贵相，十指九斗，上相簪花，元戎进酒，同画凌烟，一齐不朽。（是否还多，但我只记得这几句。）类似这种的记载还有，不必多举，即此数句，在皇帝面前，拿姨太太同宰相功臣开玩笑，岂非不敬吗，但在宴私之际如此，亦颇显出君臣的融洽，还没什么使不的，若在正式朝堂上，则是万万不可；可是在朝会的时候，也有些不规矩的事情，那就不能不说他是腐败了。现在先谈谈他的庄重，再谈腐败。

庄重一方面，先由外边说起。清朝不像明朝，明朝内外城没有分别，前清则内城只许旗人居住，八旗分地面把守，所以洋文管此叫作满洲城。汉人之平民及做买卖当差役之人还许住，若官员则非皇帝特赐者不许。所有官员都在宣武门外，每日夜间起来进前门上朝，所以前门夜间一点钟就准开门，伺候官员们进出。其他的门都是天亮才开，只有前门如此，管门的兵役人等，还得站班伺候，遇有堂官如中堂、尚书等经过，还得打招呼，请看这有多庄重。各官员，除王公亲贵等，由神武门出入外，其余都由东华门进出，到东华门外下轿下马。门外边立有一高约一丈之石碑，上刻官员人等至此下马，此即名曰"下马碑"。这种碑在宫殿或庄严祠庙门外多有之，不过有的写官员人等，有的写军民人等。东华门外之碑，现在还有没有，不大理会，然午门前左右阙门外之碑，尚仍存在。所谓下马者，不必是进东华门之人，无论何人行到这个地方，就得下车下马。如午门左右阙门，不是不许通过，但必须下了车跟着车步行过去，若骑着马下了马拉着马走过去，过去再上车上马前行。请看这有多庄严。进东华门者，如大臣中有蒙皇帝特赏在紫禁城内骑马的，则可以骑马，这个俗名叫作"穿朝马"；有蒙赏在紫禁城内乘二人肩舆的，则可坐肩舆，肩舆者多是四个人抬着一把椅子，这个俗名叫"穿朝轿"。除这种外，其余无论多大的官，也得步行，进东华门时，有兵丁差役站班，且每逢人进门，都得嚷一声曰"哦"，此名曰"喝道"，不过堂官经过，喊的声音长，司官声音短，有人说这就是宋朝的唱喏，乃由宋朝传下来的，但未深考。再者前边谈的穿朝马舆，在外边可以借给人，在西华门内则不许，因为外边谁都可以骑马，在西华门内，则非赏者不许乘骑，因为赏是指定的某人，未经蒙赏者万不许乘骑，所以不许借与人。从前有一年迈大臣，在东华门内，偶病不能行走，同僚某大臣，把自己的二人肩舆，借给他坐出西华门，才换轿回家。这本是极仁德的事情，但事后有御史参了他一本，说他把皇上赏他的肩舆，擅借人乘，虽无违旨之心，而有违旨之实。幸而皇帝把该摺奏留中，未曾发表，事遂过去。按这件事情，在皇帝也很难处理：彼大臣虽有病，但未经皇帝特赏，实不应该坐；把肩舆借与人之大臣，实无权使他人在禁中乘肩舆。此事总算不懂国家的典章，实在可以说是有罪，然这点小事，又具有仁人之心，随便就降以罪，也似可不必，所以该摺非留中不可。然此更可见宫院之庄严。再往里到乾清门就更庄重了。乾清门外，东边朝东的门，名曰隆宗门。平常上朝的司员，都在此门外，倘无公事，不必说不进乾清门，连隆宗门都不肯随便进去的。由西华门内，到隆宗门外，路相当远，人人须有灯笼。进，堂官则有人持大灯笼前导，此灯笼即在外边轿前之灯；司员则自己手持，玻璃、纸灯均可。惟隆宗门，则必须玻璃灯，纸灯不许通过，防火灾也。中堂、军机大臣等之蒙赏二人肩舆者，大多数都是隆宗门外下来，步行进隆宗门，非有大风大雨，谁也不肯坐肩舆进此门。蒙赏穿朝马者，则都在此门外下马，绝对没有人骑着马进此门者；名为穿朝，实事是不能穿朝也。这里附带着再说说皇帝驻苑。驻苑者即是驻三海，上朝则在勤政殿。各避暑之骊宫之中，多数都有"勤政殿"这个名词。三海之勤政殿，在中海大木板桥之西不远，然西苑只东边有一门正对西华门，此门即名曰"西苑门"。所有官员上朝，都是在西苑门外下车下马。然由西苑门到勤政殿，这段路约有二里之遥，且系土道，平常已很难走，稍有雨便泥泞不堪。六七十岁的老头子，每日走这一大段路，实在是一虐政，所以从前年高之堂官，多特旨赏在西苑门内乘二人肩舆，武将则赏骑马。但是赏在紫禁城内乘舆骑马者，可以在西苑门内乘骑；赏在西苑门内乘舆骑马者，不许在紫禁城内乘骑，因为紫禁城比西苑森严得多，要想乘骑，还得等另赏。以上乃是隆宗门外的情形。到了乾清门，就又森严多了。其他的门都是由步军统领（俗称九门提督）衙门的兵丁把守，乾清门则用侍卫监察。侍卫这个差使，从前有武科举的时候，有的由武进士提升，有的由旗门中大员子弟提升，后来则都是大员子弟了。在乾清门者，名曰乾清门侍卫，可以算是冷差使，然可以提升到御前侍卫。御前侍卫于每日上朝时，则站立于御座之后，虽然没有什么权势，但天天可以看到皇帝，有时也可以同皇帝说几句话，而且是皇帝到什么地方，总有他们跟随，是同皇帝最亲近的一种差使。所以亲贵子弟，也恒当此差。每日早晨三点钟就得上朝，皇帝入座之后，永远先召见军机大臣，官场说话，名曰"叫起儿"。第一起召军机说话后，才召见其他的大臣。外省督抚或大将进京，先上摺请安，皇帝即有上谕曰，某日预备召见，则于该日召见。司员们无论京内京外，有事见皇帝，须由各有关系之部派部员带领引见。皇帝每晨都是办这些事，召见者可以自己上殿，引见者则必须有人带领。各部中带领引见的官员，都是熟手，于各种仪注都极在行。蒙引见的官员，都得预先到部中，由引见官领导，把所有上朝的礼节排练纯熟，次日方能引见。因为引见时，倘有失仪之处，则带领引见之官须受罚也。在同皇帝说话的时候，必须得跪着，这是人人知道的。平常的官员，说话时短，还没什么要紧；若军机大臣奏对，往往一次就说一个多钟头，膝盖当然是受不了，虽然殿中有厚的褥垫，也无济于事。所以军机大臣等，都得有自备之护膝，乃用丝绵制，厚约一寸，每日上朝之前，绑于膝上，否则跪那样大的工夫，就疼得站不起来了。以上说的都是皇帝与群臣当面说话的情形，至于交代公事，则多由太监办理。比方昨日以前，所收到的奏摺，经皇帝阅览后，或准或驳，由皇帝批好，有的由皇帝当面交军机大臣，有的各部的奏摺，则仍直交各部，这种便由太监转交。这种太监，就叫捧摺太监，亦曰奏事太监，每早晨由皇帝处，把各部之奏摺领下，拿到乾清门，在门限里面嚷一声：各部官员领奏摺。各部院都有捧摺官，又备有奏摺匣。每日的奏摺，装在匣中，由奏摺官捧到乾清门，单有收摺之官。交上奏摺之后，就在乾清门外，阶下等候，遇落雨则可到门檐下，然绝对不许过门限。听到太监一嚷，则都向前把摺取回。好在都是熟手，自己部中之摺匣自己都认识，所以交接都很快。该太监对这些人，大致也都认识。以上每日上朝之庄重情形也。

再谈谈他腐败的情形，也由外边说起。各官员到东华门外，都要吃一点东西，因为都是一点多钟就起床，匆匆出门，自己家中预备吃者很少，所以在此都要吃点。中下级的官员，都在大街饭摊上吃，无非是馄饨、老豆腐、大米粥等等。堂官则在小饭铺中，也无非是吃些甜浆粥、小油炸果等等。我随先君上朝过两次，都是在大街上吃的，一次吃的格豆，乃用绿豆面所制，亦颇适口，此食只北平有之；一次吃的烧饼馄饨。请看上朝的高中级的官员很多，且是一年三百六十次，又是极重要的公务，朝廷总应该预备若干房屋及相当的设备吧，但是一点也没有，任凭大家黑更半夜，风里雪里，东跑西跑。吃这些东西，既不雅观，又不卫生。都是全体的靴帽袍褂，蹲在大街吃东西，已经不大方便，到万寿或大庆典之期，都穿蟒袍——按国家的规定，万寿节前后十天，无论上朝或办公，都得穿花衣，花衣就是蟒袍。这个名词，叫作花衣期内，一切不吉利事情，都不许做，如问斩行刑，都绝对不许。按规矩自然都应穿花衣，但贫穷没有，也只好将就。然上朝非穿不可，且须挂朝珠。请问穿戴着顶子、花翎、蟒袍、补褂、朝珠等等，蹲在大街上吃东西，这像一件事情吗？然而有清二百多年，永远如此，这已经够腐败的了。我随先君进东华门时，刚到门洞内，忽听"喝"的一声，吓了我一跳，前后左右一看都无人，不知此声果从何处而来，因黑夜看不真。细一看门洞内，地下躺着十几个人，他们都是把门的兵丁差役。他们本应该站班，有时候还要盘查，就是不盘查，也要详细地审察审察。但他们怕冷，都不起来，就躺在被窝里，在枕头上喊这么一声。这岂非笑谈？倘我不是亲眼得见，若只听人说，我一定不会相信的。进了东华门，到隆宗门这一段路，约有二里之遥，倒都是城砖墁地。不过年久失修，有许多砖已坏，路是高低不平。倘沿路有灯尚可，可是一个灯也没有。黑夜之间，若再赶上大雨，几至无法可走。虽自己有小提灯，也无济于事，所以常常有人跌倒。如安设几个路灯，花钱也有限，但二百多年的工夫，也始终未曾安设，这岂非怪事吗？先君是在户部当差，到大内当然先到户部朝房。户部朝房在隆宗门外，两间小西屋，长宽不过丈余。户部堂官当然在九卿朝房坐落（九卿朝房在乾清门外迤东，说见前），司官们则都聚在这两小间屋中，只有一张桌，两条板凳，更无水喝。皇帝登殿，召见官员说话时，当然很严肃；当前班被召之官已退，后班未来时，当然闲暇，斯时御前侍卫，站在皇帝后边，也常常说笑话，或开玩笑。一次有一很胖的官员走进乾清门，按乾清门离乾清殿很远，这条甬路相当长，该员走路因胖很慢。有一侍卫说：豫王他们大爷来了；乾隆也大乐，因豫王也是一个胖子也。此事见《啸亭杂录》，是否豫王，记不清了。宫中不许穿雨靴雨鞋，下多大雨，也得穿平常缎靴。常在宫里，或天天进内当差官员之稍贫者，有时将靴底上油，但仍须白色，且靴面则绝对不许上油。汉官或引见官员，则绝无油靴底者。靴皆皮底，殿前甬路是汉白玉所铺，平常就很滑，遇雨更滑，往往有官员滑倒。其实这是常有的事情，滑倒者不必惊惶，皇帝虽然看见，也佯为未见，不能算失仪，绝对不会怪罪的。但不是常上朝的人，遇此则多惊惶失措。一次一位引见官，滑倒起来时，因自己踩住衣襟，又躺下一次，殿中侍卫说，这位官员要爬着进殿，光绪大乐。此段故事,乃津五爷告我者。津五爷乃惇王之子，行五，名载津，为御前侍卫，天天上朝，常见到这种事情。他跟我说的还有几件，兹不多赘了，总之都是在庄严朝会中，不应该有的事情。此外尚有一种令人意想不到而极为腐败的事情，就是南书房前面廊下之酱缸。这种酱缸，是怎样一个来历呢？说来话也太长，然不可不简单着说一说。宫中每遇节日，或各皇帝后妃之忌辰，当然都要上供祭祀，满洲人之供品，与汉人不同，他们总是用一桌点心。北方管点心叫作饽饽，此即名曰"饽饽桌子"。满清的章程，是中国礼就用中国旧仪注，为祭天祭孔等等，则所有供献之食品，都是仍用周朝的旧式；若他的家祭，则用满洲的旧式，所以宫中祭祀，都用此饽饽桌子。这种桌子，都是用点心摆成，宫中是用各样的点心，外边如亲友家有丧事，亦恒送此桌子，但点心只一种，名曰"点子"。桌子约长三尺余，宽约二尺，最矮者摆点心三层，高者二十一层，每层约需点心二百余块。宫中所用的点心都是大内饽饽房所造，祭完之后，分与各妃嫔、宫女、太监等，此名曰"克食"。大家都吃不了这许多，有太监收买这些点心，收买了来，用以造酱。因点心中都是高面、白糖、奶油等等，造出酱来味道很好，太监便把此酱，送与亲贵王公及大臣等等。当然不能白送，送五斤酱，至少也得赏他十两银子，这乃是造酱太监的一大笔收入。因为这种酱，味道比外边的好，且又难得，有许多人以得到此酱为荣。内务府的官员，多与这些太监熟识，所以常买了他们的来，另送朋友。以上乃造酱的所由来。这种酱，一造就是十缸八缸，且是常造，这许多缸无处摆放。因为南书房这个地方，从前虽为诸王子及亲王之子等读书之所，因为咸丰之后，只有一个儿子，就在宫中读书，此处遂闲置无用，于是太监遂把酱缸摆在此处。此处离乾清宫虽远，然气味闻得也很真，偶有东南风，更是满院难闻。这还不要紧，最失体统的，是光绪庚子以后，外国使臣常有觐见的规定，外国使臣虽然不必照中国官员早到伺候，但也须在皇帝升殿之前到达，当然须有一个地方坐着等候。斯时南书房正空闲无用，且地点也正合适，于是遂请外国人在此坐落，外国人到此，人人掩鼻。外交部带领引见之官员，回明外交部堂官，请与军机大臣商议，设法把此缸搬搬家。但是迁延了十几年的工夫，总没有办到。盖太监都是西太后一方面的人，官员恐怕得罪了他们，他们随时可以在西太后面前说坏话。所以一直到了宣统年间，此缸也没有移动。从前外交部人员，提起此事来，就感觉头疼。这种情形，可以说是腐败到家了吧。从前一个外国人说过一句笑话，说就以酱缸这件事情说，清朝就非亡不可。按他这句话，虽是笑谈，也确系至理。这一件极轻而易举的事情，还不能改良，则其他政治如何，便可知其一定不能更改了。类似这样的情形很多，但不必多写了。

四、前清皇帝的生活

世界上的人，当然都以为做皇帝是最愉快的事情，尤其是前清这种政府，皇帝有至高无上的权力，自己想做什么，就做什么，当然更是万事如意的人了。其实这话得分两面来谈：若是一个坏皇帝当然是任意而行，自古暴虐胡为的皇帝多得很，大家都知道，不必多谈，现在只说一说规矩的皇帝。清朝的皇帝，说起来都不算坏，可以说除了西太后一人外，都比明朝皇帝较好。好的皇帝，一定要照国家的规定行事，固然不能完全按照规矩，但不能离开大格。现在把宫中的规矩大略谈一谈。

先说饮食。宫中的章程，所有席面、碗盘的件数，都是按品级规定的。

皇帝的菜品是一百零八种；

皇太后的菜品也是一百零八种；

皇后是九十六样；

皇贵妃是六十四样。

以下妃、嫔、皇太子、皇子等等，都有准的数目。吃饭的时候，都是各人吃各人的，不但各做各吃，连买菜的时候，都是由御膳房买来，把肉菜等等原料，分给各宫。每日某人应分多少，如猪肉几斤、豆腐几块、鸡蛋多少个、白菜若干斤等等，都有详细的规定，每日照单往各宫分送。按一家人吃饭，都是各人吃各人的，这话乍听，或者有人不相信。但是请想，宫中的规矩，当然都是每人单住一宫，每人应有太监若干，宫女若干，也有规定。若人太多了，也实在不能住到一起。此宫到彼宫，远者有二三里之遥，近者连出门进门转弯等等，也不在一里地之内，过几个院落，风风雨雨，也真难在一起吃饭；再者二人不能同住一宫，规定也相当严重，所以皇帝的儿子，到了岁数，离开母亲，就得单住。更有老辈的妃嫔，比方在光绪年间，同治、咸丰甚至道光的妃嫔，都有存在的，这些人更不能住在一起，所以都得各住各吃。就说皇帝的一百零八样，不必说一个人吃不了，而且端到桌上也非凉不可。但他们另有办法，吃饭前就都把菜做好，盛在黄砂碗内，摆在一大铁板上，碗上都有盖，盖上再放一大铁板，下边上边都有炭火，烤得碗中总扑哧扑哧冒泡，听到一声传膳——外边曰开饭，宫中曰传膳，把大铁板掀至旁边，把所有的菜，由砂碗中倒到细磁碗内，人多，倒菜的倒菜，擦碗的擦碗，有几分钟，就可把所有的菜端到桌上去。当然也有些样留以现炒之菜。按这种办法本算不错，但是口味，不会太高妙的。这还不要紧，最不舒服的是，只许一个人独吃，虽皇帝也是一样，不能再找别人。比方皇帝想找皇后或心爱的妃子来陪着他吃饭，那是很不容易的。不是不可以，但是相当费事，他得预先告知敬事房。敬事房者，乃伺候皇帝的太监之办公的处所。敬事房把此事登录簿记，然后传知皇后或妃嫔之敬事房（每宫都有敬事房）。该敬事房禀知皇后或妃嫔，一切事情，也得登记。皇后或妃嫔，这才妆饰打扮，预备一切，到时候传知舆夫预备肩舆，才乘舆到皇帝宫中。进门先得叩头，侍膳入座前，又得一叩首。这种礼节，不但妃嫔见皇帝如此，就是皇帝陪皇太后吃饭也是如此，赏第一杯酒第一样菜时，也都得叩头，以后就可以随便吃，但吃完了还得叩头谢宴。请看这有多么麻烦。吃饭之前，已经费了许多的手续；吃饭的时候，又得郑重其事。旁边一大群太监宫女伺候，想说一句爱情话，都不能说，这样的规矩，就是把心爱的找来，又有什么意思呢？但这是皇帝家的礼制，不能随便，所以皇帝也就不找人来陪了。但若在骊宫中吃饭，则可随便的多，此层容后边再谈。

再谈到起居。皇帝于办公之外，闲暇之时，自然可以传妃嫔来谈天消遣，但也相当麻烦，和传来侍膳也差不了多少，也得走敬事房的公事手续。皇帝若亲身到各宫中，似较省事，然事后敬事房也得补行纪录。而且也得预先派人口头传知，因为皇帝进门，他们还得迎接，皇后则在房屋门外，妃嫔则须在宫院门内跪接。到宫中有许多宫女、太监围随，说话也很不方便，这有什么意思呢？夜晚睡觉，也是一人独睡，床前紧靠着床有一窄矮凳，乃太监睡处，以备夜里伺候。民国初年宫中旧有陈设，有许多御榻前还有此凳，后来就都移动了。到睡觉之时，想找一妃来陪，也得传旨敬事房，告知该妃预备。装扮好后，用肩舆抬来，在另一屋换衣服，由太监抱到皇帝床上，才能同睡。恐身带暗器有行刺之心，故须在另一屋中换好衣服。此事更须详细登记，因为将来该妃倘有了孕，则日期须与此相符，倘日期不符，那就成了大问题了。所以该妃被召之前，必须声明，月经如何，是前几天过去的；倘正在经期，亦须预先声报。这固然是一件极平凡的事情，但必须形诸笔墨，则未免显着麻烦。然体制如此，登录账簿，是万不能通融的！这就等于殿庭的起居注。也可以说是御史起居注官，是专记外边的事情，太监则专录宫掖的事情。

按以上饮食起居两种事情，乃是历朝宫掖的体制，清朝也仿而行之，当然比前朝也有点出入，但也不多。各皇帝对此当然免不了通融的时候，规矩皇帝则多是不会过分逾越的。比方清朝西太后是破坏他家法最厉害的一个人，至于他的起居，这里不必谈，只说他的饮食。御膳房的菜品，多是官样文章，且吃久了，也腻了，他便另找厨子，组织了一个小厨房，但对御膳房，他不敢公然就废掉，所以每日也照旧伺候。因为这种种的不方便，所以皇帝都愿住骊宫。骊宫就是行宫，皇帝就随便多了。吃饭的时候，可以随便传人来侍奉，得意的妃嫔一次传十位八位，也随他的便。行宫的房屋，也比宫中住着舒服得多。宫中都是呆板的四合房，或三合，院落都不够大，且不够敞亮，因为有好几层城墙（紫禁城内之宫墙也相当高），更不通风，夏天尤热。行宫之房子，虽然有许多已经毁掉，但颐和园尚相当齐整，请大家看看，便知道所有房屋，比宫中敞亮的多。各处行宫，名目上虽然都是避暑的性质，但皇帝每年住彼的日期，总是七八个月以上，多者可以住十一个月。年底则非回宫不可，一则预备过年，元旦日在太和殿受朝贺；二则各老少妃嫔人等，也得当面给皇帝贺节；三则也有许多年底年初例行的公事，所以必须回城。兹把几处行宫，也大略附带着说一说。按各行宫，虽然不在北京城内，但与北平也有离不开的关系，故也应该谈谈。

南苑。南苑在北平永定门外，又名南海子，在明朝就为皇帝狩猎之所。周围一百二十来里，近东北角处，有行宫一所，近东南角有阅兵处，名曰"晾甲台"。清朝进关，亦在此狩猎，又建行宫两处，较大者在西北边，地名"怀坊"，小者曰"围河"。于是怀坊之宫曰新宫，前明建者为旧宫。在光绪十五年前，苑中黄羊子、鹿、四不像子等兽还很多，因永定河决口，苑墙完全冲倒，所有兽类都跑到西山去了。在光绪庚子后，因西后想在西苑中海建两座洋楼，即所谓怀仁堂、居仁堂者，无款可筹，遂将南苑之地，卖与民人耕种，遂都变成农田了。康熙帝每年在此，总住几个月，怀坊之宫，即康熙年间所建，此为康熙年间皇帝惟一的避暑之所。

圆明园。在现在颐和园之东北。在康熙年间，是赏雍王的花园。雍王即位，改称雍正，雍正者雍王正位也。他把此园，大加扩充修建，于是他就永驻此园，不再往南苑了。乾隆年间，又增建了若干处，东北有很大一部分，乃仿意大利的建筑造成。从此圆明园便为清皇室中最大的一所避暑宫殿。以后的皇帝，永远驻此，一直到咸丰。咸丰在此便有四位很美的妃嫔，都是南方人，且都是纤足，每位各住一宫，每一宫中所有人员宫女的妆饰衣服，都是同样颜色，一宫一样，各不相同。此事见过几种记载，但手下无书，该记载都是何名，我不记得了。然在光绪年间，问过许多旗门中的老辈，他们都在圆明园当过差，都是亲眼见过，他们说确是如此。咸丰年间，英法联军进京，把西山几处行宫，都给烧毁，圆明园烧得最厉害，可以说是一间房也没有了。从此以后，皇帝便无行宫可驻，同治及光绪初年只把西苑中海扩充一下，将就着住住而已。

颐和园。西后用建设海军的款，才把颐和园又修建起来。最初他本想重修圆明园，因为地面大，用款太多修不起，才改意重建颐和园。然只算是修了一个前面，后半总算没动，到如今还破落如故。自此以后，西后就永远驻此了。

以上乃清朝皇帝平常所驻的避暑之宫，此外尚有热河之行宫，名曰避暑山庄，也是从前皇帝要去的地方。但此虽特别名曰避暑，其实并非避暑而另有作用，这里也可以附带着说几句。前清入关的时候，系分两路进兵，一是由山海关，一是由热河，最重要的还是热河这路。后来他虽然得了中国，建都北京，但他终归要惦记。前明有人有大规模反动攻击，他必需预备一条回去的道路，好进退有据，而山海关一路，为通行大道，果真用兵时，此路恐怕难保，于是他竭力经营这条路之安全，便在热河建设了一处大规模的行宫，并驻有重兵，以备万一。而且暗中有特别规定皇帝每年都要去一次，虽然名曰狩猎，但原义确实为保此路之精神。乾隆年间，《四库全书》修成，特置一部于此，名曰文津阁，即是由北京到奉天的津梁之义；奉天亦置一部曰文溯阁，即溯祖泽之义。乾隆在此处驻的时间最多，他永远在此过生日，他的生日在秋天，也就趁此在此行秋狝之礼。所以从前有一付对联，上联是："八十君王，处处十八公道旁献寿。"十八公指松字也，因彼处松树最多故云。下联是："九重天子，年年重九日塞上称觞。"上联为彭文勤公元瑞所拟，自己对不上下联，乃请纪文达公昀所对者也。

五、北平街道与管理

北平的街道

　　北平城之宏大、壮丽、齐整，谈起来真可以说是惊人。到过北平的人，当然都知道，未到过的可实在应该前去看一看。我说这话，实不是故作惊人之谈，兹在下边略谈谈此话的理由。

　　北平之城，当然是世界中惟一特殊的一个城。在各国之都城，比他大的当然很有几处，但没有这样齐齐整整的城墙。中国的城，虽然都有城墙，但没有这样大，有一两处或比此略大，如南京等处，但没有这样四方四角的方正，街道更没有这样的平直这样的宽阔，建设没有这样的完备，地基也没有这样平坦。

城墙之方正

　　各国都没有城墙，只有莫斯科尚有元人所筑之城，但极小；法国巴黎有城，而是只与地平。各省、府、州、县都有城墙者，只有中国一国。而全国所有的城，又都不及北平的方正。北平的城是四方四角，前边三个门，其余三面，各有两门，距离都是一样，只西北角略缺，乃风水的关系。后来又添筑外城，亦极方正南面三门，东西各一，北面左右各一，全国之城，没有可与此比拟者。再进一步说，是保存得还很齐全。全国之城，大致多有损坏。有的年久失修，又经硝碱侵蚀，全部倒塌，或局部毁坏者；有的因开辟市场，重新建筑，特别拆除者；有的数十年来，经炮火毁坏者，总之像北平这样完整者，实不多见。诸君若想知道祖国的建筑，及千八百年以来的文化等等，只有到北平还可看到完全的情形，其他地方的城池，大致都有缺点了。

街道之平直宽阔

世界城池中之街道，划的较为平直者，美国较多，如纽约等处，都有这种街道，但都是新城市。若五六百年以前之旧城，而能划的这样齐整者，以北平为最。内城建筑较早，固都是直的街道，外城乃后来补筑，亦多直街。无论内外城，倘有一街巷稍斜，则必特加一斜字，标名曰某斜街，内城如东西斜街、烟袋斜街，外城如李铁拐斜街、樱桃斜街，等等皆是。因为都是正街，所以北平说方向，永远不像外国说左右，他永远说南北东西。比方鼓楼东大街某胡同内路东或路西，他永远是如此说法，他绝对不说鼓楼左大街某胡同左边或右边——你若同北京人这样说法，他要讥笑你的，他说你说的可笑而不准确：比方前门大街，由北往南走，则东边是左；由南往北走，则西边是左，所以他以为你的说法，无法明了。这种情形，北方多是如此，长在国外的人，是不可不说。说到街道的宽阔，更是大家意想不到的。他原建筑规定的尺寸，我虽不记得，但原来的大街之宽，可以并行十辆汽车，这是毫无疑义的，所以北京从前有一副对联曰：

自街东望街西，恍若无，恍若见；

由城南往城北，朝而出，暮而归。

这确系实在情形，所谓朝出暮归者，实因彼时只有骡车，若汽车当然就不会如此了，由此可以知道他的宽阔。后来几百年的工夫，经商家屡屡侵占，街道便窄了许多，商业越发达的地方，街道便越窄。然有些地方还存在着原样，如朝阳门大街、东直门大街等等稍冷静的地方，都还很宽。按被侵占最多的地方，是前门外大街。最初五间牌楼之东西，尚有很宽阔的地方，后来东西两边又各添了许多房，两边房之后，即是原来之街面，后来又起了两个名字，东边名曰"肉市"，西边名曰"珠宝市"，则大街焉得不窄呢？他虽然窄，而在全国城池中，还得算很宽的街道。例如，南方城池的街，只能平行两乘二人小轿便足，北方则必须能平行两辆大车，所以永远较宽。按能并行十辆汽车的街道，在西洋各国改建的都市中，是很算不了什么的，而在中国之古老的城池中能如此，恐怕是很稀少的，就这一层，诸君就应该去看一看。

建设之完备

北平一切的建设，不但完备而且美丽。所谓完备者，如河道、桥梁、地沟等等的建设都远胜他处。所谓美丽者，如各街道之商号门面房等等都很讲究。

先说河道。城内河道，都加人工，多数都用大石块砌成河岸，非常宽大而齐整，南方城池中之河，也有用石砌成者，但绝对没有这样宽阔。

桥梁。中国桥工，多数不讲究，惟独北平则所有桥都是石质，而且非常坚固，尤以天安门外之外金水桥，太和门外之内金水桥，尤为美观。其设计之美，比巴黎之铜质桥，有过之而无不及。再如平西之卢沟桥，看去好像很平常，但几百年来，几十次大水，而该桥则毫无伤损，其建筑之坚固，雕刻之精致，实所罕见。桥两旁石栏之柱，每柱头都刻有小狮子几个。相传有人打赌，数此小狮，共有若干，向来没有人能数清者。按此实在要数，则当然没有什么数不清，但其数之多，设计之繁，则可想而知。

再谈到地沟。世界中的下水道，以巴黎为出名。而北平的地沟，也相当宽大，宽高各五六尺，每年淘沟，都是人进去淘；西洋之下水道，乃污粪等水，北平则只为雨水而设。此在吾国各城中是没有的，而北平在六七百年以前，便有此设备，这也可以说是令人意想不到的事情。

再谈铺面房。铺面房三个字，是北平的通语，是指的商家做买卖临街的门面房，有许多家都是金碧辉煌，雕镂精绝。在前清时代，凡外国人之到北京者，都要把这些铺子照相留影。诸君不要以为照一张相片，算不了什么，值不得一提，须要知道，彼时的照相器，还没有现在之发达，照一片相，相当费事。我曾看到过一次照相，现在想起来，几乎是一件笑谈。东城灯市口路东，有一家大点心铺，名曰合芳斋，九间门面，都是木质雕镂，非常辉煌。有一次一外国人，想摄此景，工作了一个多钟头，才照了去，为什么这样费事呢？他用三足架把照像器架好，自己蒙上一块黑布，看好大半天。这还不要紧，彼时人看见过照相的还很少，大家看此不懂，而极以为新奇，于是围了几百人，围得风雨不透，彼时人民还不怕外国人，与庚子以后情形不大相同。因有这些人围聚，外国人不但不能照相，且不能对光，但他赶不走这些人，他作揖请安，闹了一个多钟头才照了去。

以上这些情形还在其次，最优美的情形，是北平的房矮，因为北平不许盖楼房，所以都是一层房。住房固然都是一层，铺面房也只是一层。繁华街道，地皮贵房不够用，亦可多盖上一层，但上层屋高不得过五尺，只可存些物器，或夜间睡觉。白天因为在屋中直不起腰来，所以屋中不能做事，且盖此楼于报建筑时，只名曰"重檐"，不得叫作楼。因为房屋都矮，于居民生活，可就舒服多：各家都有院落不算外，大街或小巷都很宽，房屋再矮，空气是流动的，太阳光是充足的。世界上最坏的城池是纽约、伦敦等处，一年见不到几次太阳，每日见太阳的时间不过一两个钟头，其余时间都被高楼遮住。尤其是空气最不流通，倘无大风，则街巷中之空气，可以说一天也改换不了一次。若北平则太阳一出地平便可看到，因为中国最讲究这个，所谓"向阳门第春无限"者是也。至于空气之流动，更是无比，房矮街宽，没有阻挡空气流动的建筑，所以稍有微风，则空气便可全部改换。这些地方，于人类当然都是大有益处的。尤其下雪下雨，更美观。在宽阔无垠的平地上，盖上一层雪，自是极为壮观，一大片房屋上盖上雪也很好看，一片大树林上盖上雪尤为美丽；这三种固然都美观，但若凑到一起，大地、房屋、树木，同时看到，则另有一种风景。可是这非在北平看不到，因为西洋大城中，看到房则看不到树，更见不着平地。再说下雨，每逢落雨你立在房上一看，真是一个大树林，其中露出许多房脊，一层一层，像波浪一样，栉比鳞次其间，更是绝好的风景。比方唐诗中之"天街小雨润如酥，草色遥看近却无……绝胜烟柳满皇都"

及"雨中春树万人家"等等这些诗句的景致，亦只有北平能看到，他处则不易得。因为中国城池多是房多树少，败落的古城，如几十年前之南京等，则虽有平地树木，而房屋不够了。再者西洋各城，虽也有树木，但除公园外，只有大街两旁之行树，这种为数太少；北平则大户人家，院中都有几株老树，所以树木特别显多，景致美丽。

街道之平坦

北平地面之平，在大城中亦不多见，全城街巷高矮差不了几尺，所以所有的街道，都是宽而平。重要交通之处，都有大方块厚尺余之石板墁路。例如，由前门到永定门、北小街，朝阳门到通州，广安门到大宫等处，因为运官粮、运民粮，都有几十里长之石路。这在六七百年以前，也是不容易的。所以西洋人之到北平者，都赞成北平之平。民国成立之后，改建柏油路，才把这些石路，尽行拆去，如今则又是一番景象了。再者我国城池中改建柏油路，若想加宽，则非拆房不可，惟独北平，建筑了这些条宽大马路，而没有拆过房屋。目下虽有稍窄之处，亦可将就行车，此足可证旧有街道之宽阔了。

无论中外人士，凡在北平居住过一年以上者，无不想念北平，都有恋恋不舍之意，其原因就是因为上边谈的这些情形，使人怀念不止。

北平的管理

在前清时代，北平没有巡警，内城归旗人管理，外城归御史管理。因为前清初到北平，占据内城，所驻都是旗人，汉人中之工商人等，尚可在偏僻地方居住，若稍有地位或稍有知识之人，是不许的。若汉人中之大臣，则经皇帝特赏，乃可在内城居住，但此非亲信之人是得不到的。内城完全是旗人的地界，西洋人管此叫作满洲城者即是因此。管地面之堂官，名曰"步军统领"，通称"九门提督"，下边又分左、右两翼，名曰左右翼总兵，一驻东城，一驻西城。一切治安民事诉讼等等，都归他们管理。各大街每段都有官厅，高级者名曰协尉官厅。每一胡同中，都有一间房，此名曰"堆子"，为兵丁所住，遇胡同中有窃盗、火灾、斗殴等等的事情，都归他们管；完结不了，便到厅上；再完不了，便到协尉官厅；倘步军统领衙门再不了结，则归大理院或刑部。此已往之情形，现在各胡同中，还有存留着的这种堆子，大家都不知道他是作何事用的了。他们每日办公的情形，是由步军统领或左、右总兵，乘车到各大街巡查两次，各官厅官员，届时都在各该厅门口站班等候。后来一创办巡警，这些官厅虽依然存在，但治安权就归巡警了。

前清还有一件事情，值得谈一谈，也是多数人不知道的，就是所谓"杆儿上的"，关于这件事情，我曾写过一篇文字，兹只简单地谈谈就是了。

"杆儿上的"这个名词，在前清北平城内的人，是无人不知，如今知道的人是很少了，只有《红鸾禧》戏中，还有这个名词，如金松老丈便是杆上的，亦名曰"团头"。按"团头"这个名词，来源却是很远，至晚在宋朝已经风行，如《水浒传》中之何九叔便是"团头"，不过彼时之"团头"，与北平清朝之"团头"，性质不一样就是了。而"杆儿上的"这个名词，确自前清才有之，我为这件事情，也考查过几年的工夫，问过许多旗人中的老辈，才知道他的来历。在前清进关时，当然跟随来的人很多，初到北京，还无法安置，即是同来人，多少有点关系，既恐其流落，又恐其滋生事端，乃特别设立了一个机关，专门管理安插这些人员，管吃管住，有机会便给他们安插工作，法至善也。这笔款项，便出自各商家，大的商号每月或出三四两银子；平常铺子，每月不过大个钱六吊，折合银元约三角上下。此款且不白出，倘以后有人在门口打搅捣乱，或乞丐来麻烦，该机关都管保护。各商家因出款不多，而减少许多麻烦，所以也乐意捐输。该机关收到了款，即分给闲散游民，俾得安定生活，但严禁其滋生事端。此机关组织之初，因其非官衙公式的组织，可是负的治安责任很大，且与官场时有接触，非有一位大有权威之人不足担当，最初是一贝勒为总首领。清初的贝勒，就等于王爵，以后永远如此，到了光绪年间，最末一位乃是皇五子醇亲王，为咸丰之亲弟兄。从前因为他们办理得好，皇帝特赐一根木杖，凡不遵命令者即用杖责打，打死勿论。从前所谓打死勿论者，乃打死之后，不必再动公事，是完全不管法律，对法律不负责任之义，请看他权势有多大？此杖永远用黄绒绳缠绕，黄布包裹，供于该机关之正堂上，名曰"大梁"，俗名"杆儿"。凡在此机关有职分吃钱粮之人，见此杖必须行一跪三叩首大礼，乞丐见之也是如此。此名曰"拜大梁"，俗话就叫作"拜杆儿"。总首领呼为总管，东西城有两分处，各有副首领一人。光绪年间，西城之副首领姓陈，通呼为杆儿陈，我未见过。东城之副首领姓赵，通呼为杆儿赵，住东四牌楼北三条胡同路北。我同他相识，往他家去过两次，后来此房卖与徐中堂郎。因为总首领，都兼有他项公务，所以这个机关的公事，多数归两个副首领管理，总首领不过签字画行而已。两副首领之下，又分几等，最低级为"把儿头"，亦曰"团头"。按"把儿头"这个名词，用的地方很多，不止此处。各大街每段就有一位"把儿头"，《红鸾禧》中金松之"团头"，就是这个阶级，乃直接管乞丐之人。所有款项收进来之后，由两副首领按级发放，所有乞丐，也都得到机关报名也按月领款，所以在街上不许乞讨。有新来之乞丐，尚未报名者，亦不得强要，也先到机关报名，候批准后，便可按月领款；倘若强要，则"把儿头"便可驱逐；倘不服约束，便可拉进机关，用"大梁"责打。所以二三百年以来，北平内城地区永远很平静的，这可以说完全是这个机关的功力。不过日久也有了毛病弊端。第一是克扣钱粮，所以两副首领都发了大财，杆儿陈，杆儿赵，在北平都是出名的富户。第二是他组织了一班唱莲花落的人。打的乍板，比平常之落子乍板长两三寸，特名曰"大板落子"，这个名词在从前也是人人知道的。有新铺号开张，必须给该机关出一笔费用，再规定月出捐若干，这都得预先说妥；开张的那一天，他派人前来照料。倘没有预先说妥，随便开张，则到那一天，他必要派一个唱"大板落子"的来唱；当天再说不妥，则第二天便派两个人来唱，再说不妥便派四人。他明着并不承认是他派来的，但人人知道是他所派。于是便有左近商号出来说和。这种情形在光绪年间，有时便可看到，这总算是变成虐政了。

以上乃有清一代，杆儿上的之始末情形。末后几十年，虽然有了些毛病，但从前则确帮助市面安静不少，且也可以说是极好的一种措施。我为什么特别要写这一段事迹呢？一因他是中国历朝没有的这么一种组织。二是他可以算是平民的机构，永远没有衙门，没有官场的意味，而于市面治安，确有极大的益处。三是只北平有之，其他城池，亦未尝不可仿效。

外城的管理

外城归御史管理，由都察院奏派，名曰"巡城御史"，共分五城。东城、西城、南城、北城、中城，每城两位御史，一正一副。办公的衙门曰"城上"，下级的办公处名曰"坊上"，一切治安诉讼等事，都归管理；若捉拿贼盗等等，则另有营讯。巡城御史，每日巡街两次。巡街时都乘骡车，前头有顶马，再前则差役四人，二人持板，二人持鞭，一边走一边喊，说巡城老爷过来了。这种御史权势极大，倘街上有人不规矩，或不服指教，便可按倒在车前街上，打一顿屁股板子。戏馆子中演戏时，倘他认为有不合法之处，立刻便可命令停演封门。巡城御史这种组织，是全国最简的组织。别的地方关于诉讼事，是分三四层，例如内城之厅中到步军统领衙门之后，再不能了结，才到刑部；各省亦是知县、知府、按察使、总督，才到刑部。此处则巡城御史审不完，一直就到刑部，中间只一层。

光绪末年创办警察，所有内、外城的治安就全归警察了。然北京办的警察也特别好。这也是值得谈一谈的事情。从前全国哪一个城，也没有警察学校，只北平有之，而且办得好，所以各处都管北平要警察，如上海、香港都要过。不但如此，平津、平绥各铁路之警察，亦多由北平警察考来；甚至北平的邮差，也是由北平警察改变的占大多数。

六、北平城内的名胜

　　北平的名胜，可以说是世界驰名，不但中国人知道，连外国人知道的也不少，似乎不必再多赘。但这篇文字，是谈整个的北平，若不谈到名胜，也算是一个缺点。而且我所谈的，总是想在大家不大理会的地方来说。其余有些地方，虽然很重要，但大家既是都知道，总以少谈为是。且此文与名胜的专记不同，不必太详尽。或者有人挑眼，说该写的不写，不该写的倒写了许多；但如果写得太详，则另一方面也许有人说，在以前的记载中，已经看过了，何必再写呢？古人说"岂能尽如人意"，还是以稍省篇幅为是。

故宫

故宫的情形，早就为世人所知，民国开放为博物院，任人游览之后，更为大家所详知，不必多赘，但有清一代，也有许多的变化。例如从前宫中大规模庆贺的场所，是寿安宫，后改为寿康宫，在西北角上，其中有三层之戏楼。按三层的戏楼，每处只许有一座，如圆明园（毁于火）、颐和园、热河行宫，及此。后毁于火，便未重建，现为故宫博物院图书馆办公之所。后来修的宁寿宫在最东边，亦有三层戏楼，光绪年间西后即住此。以上这两处，是大家不易逛到的地方，其实这是宫中规模最宏阔的两处，比长春宫还大得多，其余差不多都是明朝的旧样子。乾清宫曾被焚。光绪年间，太和门也失火，都是又照旧修复，一毫未改。惟太和门之匾额，改为吾高阳王法良（字弼臣）所书。宫中的情形，据理想是应该庄严肃穆，但有些地方的情形，却不如此。我于童年时，因认识太监，曾经进去过一次；光绪二十六年，很进去过几回，所以对于里边情形，看到过一些。在皇上常经过的地方，当然是相当洁净，稍背的地方，也是大堆的炉灰垃圾及茶叶果皮等等。尤其是西北一带靠紫禁城墙的地方，因宫中不用，都是归太监的亲戚本家暂住，里边有小饭铺、小茶馆、鸦片烟馆、赌局等等，都是全的，盖里边的太监，出来一次很远，多在此处来消遣。皇上看不到，内务府怕得罪太监，又不敢举发，遂腐败到如此。据清宫史的记载，一次被皇上知道了，迁出去了两千多人，足见其处闲杂人等之多。最奇怪者，是太和殿等处，也非常之脏。光绪戊戌，我随先君上朝，进东华门一直往北，出来时先君欲带我逛逛，乃由太和殿前经过，出太和门往东，再由东华门出来，在太和殿前月台上（丹墀）看到许多人粪，干脆说就是一个大拉屎场；丹墀下院中，则蓬蒿满院，都有一人多高，几时皇上经过，几时才铲除一次，这也是大家所想不到的。民国以后，却洁净多了。

天坛

在帝王时代，国家最大的典礼是祭祀，祭祀最重的典礼，莫过于圜丘。天坛即是圜丘，所以在全国之中，是最庄严的地方，在前清时代是不许人随便进去的。但看守天坛之差役，名曰"坛户"，若同坛户认识，则进去也很容易。天坛坛户在光绪年间多为文安、霸县一带之人，因同乡关系，多很熟，所以彼时进去逛过几次。在光绪二十六年以前，诸处都很齐整，祈年殿前两庑中，存着全份的庙堂用的乐器，十分整齐。二十六年被人抢了去，后来虽然又都补上，但质料就差多了。民国后又失去不少，下余几件现存先农坛殿中，都是不能用的东西了。光绪十几年，经过一次大火，正在大雨之际，忽然燃烧起来。据坛户说，一个大雷就起了火了，这话确很靠得住。全城水会虽然都赶到，但都是现灌水，用人压的激筒，不但彼处无水，就是有水，也无济于事，整个祈年殿被焚。现在所存者，乃光绪年间补建，工程也还不错。北京从前官场救火的规矩，可真是一种笑谈，这里附带着谈几句。前清时代，凡殿庭官房失火，所有官员，都应该前去救火，但不必到着火之处，都是到午门外左边一亭中，投自己一个名片便妥。事后查点，倘无名片，则任凭该员在火场出多大气力，也算没用。光绪年间有三次大火，一是太和门，二是天坛，三是户部，各官员都是这种办法。不过据官场人说，从前可以说非投名片不可；光绪年间就模模糊糊，大多数都不去投了。

前边说国家祀典，最重是圜丘，因为他是祀天之所。皇帝祭时，要乘辇，用卤簿大驾，并派若干亲王、贝勒、公爵等，及许多官员陪祭，又有许多亲王下至公爵等若干人在午门外跪送，回来时还跪接。这里适有《律吕正义后编》一部，其中记载的这种礼节甚详；此书本很难得，本应该全录，以便读者，但字数大多，兹只抄录一段如下，亦可知其大概了。

　　每岁冬至，大祀天于圜丘，皇帝亲诣行礼。前期皇帝诣斋宫，卤簿大驾全设，奉辇官进凉步辇，至太和门下祗候。已刻太常寺堂官一员奏请皇帝乘礼舆出太和门降舆升辇，午门鸣钟，不作乐，不陪祀之王以下各官俱朝服于午门外跪送。驾至南郊，由西天门入，至昭亨门外降辇。前引十大臣，赞引官恭导皇帝入棂星左门升坛，恭视神位。分献大臣分诣神库视笾豆，神厨视牲毕，十大臣、赞引官、对引官，恭导皇帝由御路出至升辇处，升辇诣斋宫。从祀各官俱蟒袍补服分翼排列于斋宫门外祗迎。皇帝降辇升礼舆入斋宫。至日太常寺堂官一员于日出前七刻奏请皇帝御礼服出斋宫升辇，太常寺官二员恭导至铺棕荐处，退；皇帝降辇。前引十大臣、赞引官、对引官，恭导皇帝入更衣幄次，更祭服。俟安奉神位毕，太常寺堂官奏请皇帝行礼。皇帝出幄次盥手毕，赞引官、对引官恭导皇帝入棂星左门升坛正阶，至二成黄幄次拜位前立，鸿胪寺官引王、贝勒等在三成阶上排立，贝子、公等在阶下排立，从坛分献官四员在公后排立。文武各官在棂星门排立。典仪官唱"乐舞生就位，执事官各司其事"，司乐官引武舞生执干戚进；赞引官奏"就位"，皇帝升拜褥上立。典仪官唱"燔柴迎帝神"，炉内燔柴，司香官捧香盒就前向上立。唱乐官唱"迎帝神乐奏《始平》之章"，乐作。赞引官奏"升坛"，司香官进各神位香炉旁跪，赞引官恭导皇帝升坛诣上帝位香案前立；奏"跪"，皇帝跪；奏"上香"，皇帝举炷香上炉内，又三上瓣香，毕，兴。以上不过一段，类似这种礼节，还有几段。还有文舞生的舞，再如进俎，初献礼，献爵，读祝文，上香，献帛，武舞，亚献礼，文舞，终献礼，赐福胙，撤馔，望燎，等等。每次都得跪拜行三跪九叩首礼者几次。不但在上天神位前行礼，连配享的皇帝前，也得各个行礼。礼毕还官的时候，与来时差不了多少，凡头一天跪送的王公，还得跪接。

我所以要抄这一段者，因为逛天坛的人，都是只注意他的建筑，不管他的用处，大家看过上边一段文字后，对他的用处，也就可以稍稍知道一点了。前边所说至南郊，南郊者，南城外也。凡坛除社稷外，都应该在城外，如地坛、日月坛都是。天坛原亦在城外，后增建外城，就把他圈到城里来了，但仍须曰南郊。

地坛

地坛在安定门外大街路东,天坛名"圜丘",地坛名曰"方泽"。其规模虽小于天坛，然重要也差不了许多，皇帝每年夏至要祭祀的。不过其中重要的建筑，天坛都是圆形的，此处都是方形的就是了。到北平的人，都要参观天坛，到地坛去的就很少了。

日坛

日坛本名朝日坛，在朝阳门外大街路南，规模也很大。皇帝每岁春分日卯时祭大明之神于朝日坛，礼节只次于祭天、地坛，但也极隆重。此处来过的客也不多。

月坛

月坛本名夕月坛，在阜城门外大街路南，规模与日坛相等。皇帝每年秋分日酉时，祭夜明之神于夕月坛，其规模及礼节与日坛一样。此处因为往西山八大处去游逛的人，都经过此，所以在此参观者较日坛为多。

先农坛

先农坛在永定门内街西。每岁二月或三月吉亥，皇帝举耕藉礼，亲祭先农。此礼周朝即行之，实是敦本劝稼重农祈岁之义，《礼记》所记天子三推，诸侯五推者是也。清朝最初对此礼未十分重视，自雍正始躬亲行之，这种事情知道的也不多，也可以略谈几句。皇帝祭先农之礼，与祭日、月坛大致相同，惟祭完之后，须行躬耕礼，礼制极为隆重：皇帝穿黄龙袍补服，并有三王九卿从耕，这是周朝诸侯大夫之义。届时把犁、牛等都备妥，皇帝行至地边。鸿胪寺官赞曰"进犁"，户部堂官北向跪进犁，皇帝右手接犁；又赞曰"进鞭"，顺天府府尹北向跪进鞭，皇帝左手持鞭。耆老二人牵牛，农夫二人扶犁。礼部、太常寺、銮仪卫堂官恭导皇帝行耕藉礼，是时有歌禾词者十四名，执权机锹帚者二十名，麾五色彩旗者五十名，顺天府耆老三十四名，农夫等三十名，奏乐者几十名，都于皇帝耕藉时，随着奏乐歌舞；顺天府官执着盛种子的箱子，户部堂官随着播种，皇帝三推三返，就算是礼成。鸿胪寺官赞曰"接犁"，户部堂官跪接犁；又赞"接鞭"，顺天府府尹跪接鞭。皇帝耕完后，又到台上（此名观耕台，现尚存在），观看三位王爵五推五返，各用耆老一人牵牛，农夫二人扶犁，顺天府厅官播种；又看九卿九推九返，亦用一人牵牛，二人扶犁，顺天府两县各官随后播种，这才算完。大家又与皇帝行三跪九叩首礼，皇帝又至斋宫，赐所有人员饮茶后还宫。请看这有多么隆重，而且这也就是极简单地写写。好在这所有的礼节，国家都有记载，要想知道，则随时可查也。

太庙

太庙现已开放为公园，原为皇帝家的祖先堂，供的都是祖先的牌位；两庑供的是配享的大臣，凡有大功者，皇帝可命配享太庙。每岁孟春初旬、孟夏、孟秋、孟冬、各朔日皇帝亲来行礼，其礼节与各坛庙，都差不了许多。据说太庙的柏树，有许多是元朝栽种的，也实在粗壮得可观。

社稷坛

　　社稷坛即现在之中山公园，在午门外之西边，太庙则在东边，古人所谓左宗庙而右社稷者是也。皇帝于每岁春秋仲月戊日祭太社、太稷于此。民国后即开放为公园，这倒是很好的一件事情。不过凡所谓公园者，应该偏重天然景或野景，中国人多是有《红楼梦》大观园的思想，所以建筑的亭子廊子很多，富丽华贵确是够了，但与公园性质稍差，且花钱太多，似可移到别的地方应用，于人民益处更大。我问过他们，他们说这另有原因，因为园中有一笔存款，彼时军阀最为厉害，这位打进来，那位退出去，他们搜索款项甚急，这笔款若被他们知道，是一定非抢走不可，所以他们想赶快把他花了，一时没有其他用项，就把他修了廊子了。因为有多年的古柏，又有富丽堂皇的建筑，越发吸引游人，所以此园到夏季，差不多天天是人满的，各省人及外客到北平者，无不到此。尤其是此园游客坐落的地方，可以说是分了类，这也是其他公园不多有的现象。例如：坛西卜士馨一带，都是摩登的人员，此处人最多，外号"苍蝇纸"。坛东来今雨轩，则多稍旧之官员。坛北河边一带，多是稍贫好静之人。水榭北小岛之上，则多是名士，如下棋及书画等人。至于真正讲卫生，呼吸新鲜空气之人，则多是清早到太庙了。

文庙

　　文庙亦曰圣庙，即是祭孔子的庙堂。皇帝是每岁春秋仲月上丁日必要亲身致祭的，礼节也极隆重，有许多王爷及官员陪祭。仪节与祭各坛差不了许多，不过彼多是用文武二舞，此则只用文舞耳。庙在安定门内西边，与国子监为邻，该处即名曰国子监胡同，惟平常只说国子监，不带胡同两字。国外人之到北平者，无不来观光。庙中之柏树，有元朝栽种者，实在有一种森郁壮严的气象。门内陈列有周朝的石鼓，门限外有乾隆新制的石鼓。外边大院中，有明朝以来历科的进士碑，每次会试、殿试放榜后，照例把此一科进士之名，完全刻于石上，树立院中，也算是洋洋大观。尤其是隔院之"辟雍"，为天子讲学之所，《记》曰："天子曰'辟雍'，诸侯曰'泮宫'"，"辟雍"是圆池，"泮宫"是半圆池。所以除北平有"辟雍"外，其余全国各府各县，都是"泮宫"。这种建筑制度，只有中国有之。

庙中配享的这些人员，也应该略谈几句，这也是中国特有的一种情形。孔子牌位两旁的四位，名曰"四配"，乃颜子、曾子、子思、孟子。颜子是孔子最得意的一个门生，曾子是著过《大学》一书，子思是著过《中庸》一书，孟子是有《孟子》一书，都是于圣教有大帮助，所以特为四配。再下一点为十二哲，也都是孔门的高弟，其中有朱晦庵最晚。院中两庑内，都是历代各朝有功于圣教的学者，学者能够在这里边列上一个牌位，是很难的，名词叫作"入圣庙"，亦曰"从祀孔庙"，简言之曰"配享"，俏皮话曰"吃冷猪肉"。

为什么很难呢？因为条件很多：一要有学问；二要有道德；三要有著作；四要有政绩；五要有功于社会；六要证明没有信其他教门的行为，一点也没有；七总之对于圣教要身体力行。遇有这样的人，他死后，由其同乡或门生等等，详开他的著作、事迹等等的证据，保举到礼部，外省则保举到督抚，由礼部或督抚奏明皇帝，皇帝再交礼部议奏，礼部乃详细审察，总之上边所谈的几种，差一点也不成。记得清朝有一位大员（忘其名），经礼部审查都合格，应该准入圣庙，但有人奏参说该大员父亲死的时候，念过一次和尚经，就这一点就不能入圣庙。后又有人替他辩白，说是他母亲非念不可，他曾反对，当然有切实的证据，才又准其入了圣庙，因为他倘违母命，便算不孝，所以此层可以原谅，请看这有多难。

雍和宫

雍和宫在安定门内东边，乃雍正皇帝当雍王时的王府，后他做了皇帝，便把此府改为喇嘛庙，赐名雍和宫。雍正者雍王正位也，雍和者雍王协和也。

皇帝时代的章程，是皇帝住过的地方，他人万不许再住，比方光绪年间，光绪住在西单牌楼西醇王府内，他一做了皇上，连他父亲也不许再住，就搬到什刹海西北、后海北岸；后来溥仪又做了皇上，他父亲载沣就又搬到集灵囿，即后来的市政府。外国人之到北平者，都要参观雍和宫，因为他是北平城圈内惟一的大喇嘛庙，中有密宗佛像，这种佛像在西藏很容易见到，在中国内地是难得看见的，又有一尊千手千眼佛，乃就一株大松树雕成，亦少见之物，所以大家都要去看看。

先蚕坛

先蚕坛这个名词，多数人都不大理会，他在安定门外迤西。从前国家对于农桑耕织非常重视，故天子祭农于南郊，即现在之先农坛。皇后祭先蚕坛于北郊。清朝雍正以前无此坛，雍正才令建筑，但皇后也没有去过；乾隆年间，才又命建蚕坛于北海，才由皇后亲身行礼，其礼也相当隆重。皇后亲自采桑，亲自喂蚕，缫丝，其仪注与皇帝躬耕，同样的郑重举行。先蚕坛中国人知道的虽然不多，但在光绪年间，外国人去过的却不少。我也去过几次，都是与洋人同去的。坛庙规模很小，没什么可看，洋人所以都要看看者，因为彼处后来为蒙古人利用，做了火葬之所。

按喇嘛的规矩，随时用骆驼由蒙古驮许多蒙古产的草来存储，此草相当柔软，虽干而还绿，每逢人死，即备一箱，箱为厚寸余之木板造成，约二尺见方，高不过三尺，把死人装在里面，周围满棺此草，装妥后即存于该坛殿内，留待焚化。装的时候须念经超度，焚的时候，更要念经。我去过几次，永远见殿中存着十几只或几十只这种箱子，装时人尸都是蹲着，数日后一发酵，多把箱子撑破，就是不破，也通通由缝中流出血来，其臭殊甚；我只进过殿中一次，后来绝不敢再进去，而洋人则多要进去看看。我问看坛的喇嘛，为什么不早些焚化，他说有的焚化不起，就得等候。焚化处只有一炉，烧木柴，也没有烟筒，焚时更加倍难闻。焚化之后，把灰装于一黄布袋内，注明姓名，挂于殿之墙壁，每年运回一次。此事似无大关系，但亦系一掌故，知者太少，故偶记于此。近来此处，不知是怎样情形了。

东岳庙

东岳庙在朝阳门外，大街路北。北平除公家之坛庙外，以此为规模最大，两庑为七十二间，塑像都极生动。正殿神像，为明朝塑像大名家刘兰所塑，有几种记载，都是这样说法；这在雕塑界，是极应保存的物品。洋人去过的也很多。

白塔寺

白塔寺在西城，乃元朝的建筑。在北平城内，西藏式的建筑物，除北海白塔外，此是最大的一所。亦是喇嘛的住所，从前可以与雍和宫之喇嘛数目相抗衡。

西苑

西苑又名三海。金鳌玉蝀桥以北为北海，往南到大木板桥为中海，再往南为南海，兹先由南边说起。

南海。最南头的建筑为现在之新华门，在前清此楼名曰望乡楼；亦曰望家楼，乃香妃望家之所：楼之南边，长安街南有一楼，乃黑琉璃瓦所建，正对望乡楼，有人云香妃之母亦同到京，即住此处，每月定期，香妃登楼望母。此事不见记载，只父老传说。但南边之黑琉璃瓦楼，光绪年间，尚很完整，下边一片，名曰回子营，我是常去的地方，现在改为市政府的工程处所了。民国元年，把皇城墙折了一段，往里稍移，便利用望乡楼做了新华门。往北为瀛台，四面是水，只北边有一桥通北岸，西后囚光绪于瀛台时，把此桥拆去，另设浮板，至今尚是如此。在从前说瀛台是全宫中最好的地方，台北之翔鸾阁，高而爽朗，四望最远，可以说是眼亮，闻乾隆最喜此阁。庚子年德国皇帝特派人把此阁详细绘去，我同该画工颇熟，他画的风景自然很多，但他最注意此处。台之东面，用石建成一天然式的山环，设计颇美，上有井届时可以使之流水。台之中央，正殿名曰裛香殿，即光绪被囚时的住所；在庚子年，他的床位等等，还照原样存在。南海中的宫殿，很有几所，不必详谈。最北为流水音，从前为皇帝赐群臣游燕饮咏之处，有流杯亭，即古人引以为流觞曲水：此处乃靠南海之北墙，墙北即中海，此处有闸，中海之水，稍高于南海，故此处可以引水为流觞；迤西即丰泽园，乃皇上赐群臣饮宴之处，亦常观剧于此，然门在南海，而宫殿则在中海界内了。西南角坡上，有小小一所殿宫，地与皇城一样，面对西长安街与府右街，乃皇帝与民同乐之所：灯节皇帝有时到此看放烟花，外边观者，亦人山人海，虽欢呼如雷，不之禁也。

中海。中海的中心为瀛秀园，从前为皇帝所住，光绪年间则为西后所住。院中尽水，所有游廊都是桥的性质。光绪庚子，德国瓦德西统帅即住此。往南东为勤政殿，为皇帝上朝之处；北为紫光阁，乃图画功臣之处，从前有武会试之时，皇帝在此看马步箭。靠海边为迎春堂，皇帝往往在此饮春酒；对海一道长廊，很美观，长廊外靠海岸，在光绪年间修过一条小铁路由瀛秀园门口，往北到北海之小西天为止，为西后所乘坐，民国以后即拆去。

北海。最南为金鳌玉蛛桥，此桥在前清平常时，人民戴一官帽，便可通过；倘皇帝驻苑，就非有差使之人不能通行了。

稍东为团城，殿内陈一玉缸，此缸明末即流落到外边，在一庙中为和尚腌菜所用，经人发现才又移至此；此为世界用玉石制造物之最大者，或云非玉，然石质亦可观。北为琼岛，"琼岛春阴"为北平八景之一。相传此岛上之白塔宫殿，为辽后梳妆之处，后边往下有两个山洞，直通漪澜堂之后院。此山洞之设计建筑，久已为人称道，与南海之山环齐名，为人造假山石之最有趣者。岛西面有一长廊，为三希堂法帖刻石所存之处。漪澜堂为皇帝观看滑冰之所。从前观看滑冰，非为游艺，因为清朝一次在西北用兵，正在危急之际，求援已来不及，适有一人能滑冰，由河路滑到大营搬得兵来，因而获得大胜，皇帝由此便极重视滑冰，命各营都各练滑冰之技。所以皇帝每年要观几次，而滑冰者且都是靴帽袍褂俱全。到西后看溜冰，就全是玩的性质了。北岸有"九龙壁"，乃仿照大同府城内之龙壁所建，全用琉璃砖瓦烧成，形式花样，皆极有研究。

三海现已全行开放，任人游览，此处不必多写了。

此外尚有广渠门外之架松，门内之夕照寺；南下洼之陶然亭、龙爪槐、万牲园等等名胜尚多，亦不必多赘了。

七、北平城外的名胜

前篇写的都是北平城内的名胜，城外者也都是关厢之内，只南苑、圆明园等处稍远，因与宫廷有关联，所以也带着写在首篇。兹再把北平城外的略谈一谈，虽然不在北平城池范围以内，但也都与北平有关，而且也是这些年来所有谈北平者都要连带及之的。

三贝子花园

园在西直门外，规模很大。《品花宝鉴》一书中，所写徐度云的花园，即影射的此处。后门临御河，光绪年间，西后乘船往颐和园时，有时在此靠岸，进园看看。光绪年间，做了动物园，但名为万牲园。最初主持此事者，为农商部司员诚裕如，亦余熟人，他说本想名为动物园，因西后不懂动物二字，才改为万牲园。民国以后，又为农事试验场，然仍有些动物在内。

大钟寺

大钟寺在德胜门外西北约数里，寺庙不大，以大钟出名，西洋人士到北平者，都来看看。因为据西洋人测量，他是世界第二个大钟，第一个在莫斯科。莫斯科存钟之处，我去过三次，其中有十来个大钟，第一个确是很大，但若只凭目力看，则似比此大钟小得多，至于铸造之工，钟上之字，则吾国之钟比俄国之钟，就优美多了。此钟铸成之后，因太重无法悬挂，经乾隆帝出主意，即就钟建一楼，把钟纽穿巨梁，横于楼之梁间，一切建筑稳固之后，再把钟下之土除去，如此则钟虽低，亦是悬起，可散钟声。乾隆所以如此注意者，因此亦是北京厌胜五行之一：东方甲乙木，乃朝阳门外之大木（说见下条）。西方庚辛金即此。北方壬癸水即昆明湖。南方丙丁火，即良乡塔下之红土，俗称此为孟良用火烧红者，故以之当南方之火。中央戊己土即煤山。

皇木厂

皇木厂又名神木厂，在朝阳门外约三里许处，即上条所说之东方甲乙木。乃乾隆年间运来，确是很大，建了二十几间长廊以覆之。据老辈人云，近根之最粗处，两人各骑在马上，站立木之两边，彼此看不见。在光绪年间，已稍腐朽，然仍算完整。旁边有"御碑亭"一座，中有乾隆题诗纪事之碑，每年由地方官致祭。老辈人传说，当年运此木时，相当暴虐：当然有官员押运，号称"神木"，运过一处，稍休息时，运官说"神木"要饮酒，酒店就得以酒泼之，否则不走；倘暗给押官几个钱，便可无事，所以居民都呼为"神木"。此固然是该官可恶，但也足见民智不开。从前洋人来参观者也不少。日本投降之后，我又去看，则被人劈烧，所存无几矣。

黄寺

黄寺在安定门外约十余里处。此为清朝初年所建，因顶俱用黄琉璃瓦，故名黄寺。乃清朝用以维系蒙古人者，最初喇嘛初到北京者,都住此处,最多时曾住过几千人。活佛初来,也是住此,后则移住城内了。蒙古人最信喇嘛教,所以借此联络他们。因为寺中都是密宗的神像,他处不多见,所以外人来此者很多。这里附带着还有一个交易处,凡蒙古人来内地购物者,都住在此;内地人往蒙古经商者,亦以此为起发点。也算是蒙古人会馆,所以名曰外馆。内地人做此项生意者,除北平人外,以深、冀州人为最多,由北平买好了货物,先运到外馆,包装好了,再往北运;由蒙古买回来之货,亦先卸此,再往城里运,此定例也。从前凡做此种生意者,都很发财,此行即名曰"做外馆生意的",亦曰"外馆行"。自苏俄强占吾库伦后,此行遂解散;然在民初,黄寺外馆之房址,还都存在,因为这是与蒙古来往惟一的机构。所以我去看过几次,近来不知怎么样了。

黑寺

黑寺在黄寺迤西,屋顶都是黑琉璃瓦,故名,其性质与黄寺没什么分别,只规模较小,然另有风景,很值得一观。

白云观

　　白云观在西便门外，约数里之遥，亦名长春宫。此为元朝所建，元朝邱处机见元太祖，以不嗜杀人，敬天爱民，清心寡欲，三事为言，太祖深重之，为之建第于此，号曰长春宫。北平道教的庙宇中，以此规模为最大，比东岳庙占地还多。观中道士，到过千人，平常亦有一二百人。观中的首领老道，在光绪年间常有不法的行为，有一段很重要的历史，从前的人都知之，近来大概知道的人很少了。前清时代，北平和尚道士，可以说是都有衙门：和尚的衙门，名曰"僧录司正堂"；道士的衙门，名"道纪司正堂"。这种组织在《红楼梦》第十三回中，便写了一些。这种僧道正堂，都是总管全国和尚道士的机构，势力极大，所以谚语中有两句曰："在京的和尚，出外的官。"这两句话虽然没有说到道士，但道士亦在其中。他们所以有此权势，因为他们专走动王府大家之门路，与太监来往尤密。西后本是一个极糊涂的人，不但迷信，而且相信太监的话，这正是与这两位僧道正堂撑腰的原因，因之两位的声势，就更大了许多。彼时俄国公使，知道了这些情形，因常找太监，是极被人注目的事情；乃想法子与白云观太监来往，当然也给了他们许多甜头，由他介绍了李莲英，通称"皮条李"。他们常常在杨梅竹斜街万福居饭馆接头，永远在东边路北一个小院吃饭。这个院虽然是万福居的雅座，但不卖外座，差不多是白云观道士永远包着，钱则出自俄国使馆。俄使的意思，总可以由莲英传到西后耳朵里头。彼时俄国外交进行比他国顺利，得的便宜也最多者，得力于此一组织的很多。白云观道士，也可以算是卖国的首魁，这确是大家应该知道的一件事情。若专就观中的建筑说也是很值得一看，尤其每年灯节，有大规模的娱乐。观中的灯是出名的，灯是大而多，且画工很好。灯节后十七八日，为会神仙之期，都说每年总有一个人，会到神仙，所以一般迷信之人，都要来参与的。春季的车马赛跑，此处规模也极大，北京王孙公子之养马者，都要来赛一赛。马道两边，有搭的看台看棚，红男绿女，极为热闹。届时北京的人，几乎倾城来观。

汤山温泉

汤山温泉在北平城北。据医学家云，此乃是全国的第二个温泉，水源之大，热度之高，已经很难得了，而他又比起硫磺矿泉来又好得多，用此泉水沐浴，可以治疗许多的病症。

从前皇帝有在泉旁修建的行宫，规模很大，池沼河流，都可以乘船容与其间。百余年来虽有许多倾毁，但因咸丰年间，英法联军未曾烧到，所以殿阁还都存在。民国后开放为公园，任人游览，又设立了一所旅馆，于人颇称方便。又单引了一股水通墙外，并建房屋浴池，任本地人沐浴，不用花钱。又由北京到此，修了一条马路，虽然只是用石子碎砖所修，然雨季可免泥泞，故外人多来游者。倘再多建房，则外人来住者当然更多，亦该处一项大收入也。

十三陵

　　十三陵即明朝皇帝之陵，在北平之北，属昌平县所管。明朝皇帝除太祖葬于南京外，其余都葬在此处，一切建筑物，虽然有许多地方失修，但未特意毁坏，故原样尚存。按历朝皇帝陵之在山西、陕西两省者，尚有存在，这也因为是从前陵上无事，所有祭祀等礼节，都在庙中举行之，所以古人之陵，多只是一个大土堆，所谓有陵无寝，即是没有用以祭奠的殿堂房屋，所以也就不容易毁坏。如陕西文王、武王之陵，山西昭君之陵等等皆是。后来除在太庙祭奠外，清明、冬至还要到陵上去祭，于是陵上就都添了殿堂。按此种风俗，本来自国外，欧阳修在《五代史》中，有两句话曰："清明野祭而焚纸钱，戎狄之俗也。"可是自有了殿堂之后，就很难保存了。国亡之后，附近居民，拆砖用木，日久便可变为废墟。尤其元朝西僧，杨琏真珈，把南宋之陵，大小百余处尽行掘毁，更是惨事。所以历代以来，皇陵保存的最完备者要以明陵为最，这也算是清朝的德政。他不但未毁，而且把明朝后人，封为侯爵，世袭罔替，每年春秋两季由他致祭明陵，每去致祭，先上奏摺请训，一直到光绪末年，永是如此。这也是该陵不能毁的一个大原因，后人能得看到从前之皇陵者，也只此处。清朝陵寝，虽然完整，但一在遵化州，号曰东陵；一在易州，号曰西陵，离北平太远，不易去看，所以外人之到北平者，都要到十三陵去看看。未到过北平的人，将来到了北平，这个地方，也是必须去一次的；乘平绥路火车，在南口下车，骑驴到彼，一日可来回。

南口

南口在北平以北，即万里长城居庸关之南口也，现为平绥铁路之要站。出车站往北，不远即是南边之关口，关旁有明朝李凤节之墓，屡经人修理，故犹存在。往北即居庸关，再往北即青龙桥车站，再往北即北边关口，因有万里长城，此本世界驰名之大建筑物，故外人之到北平者，无不来此瞻仰。游者在青龙桥站下车，走不远即上城墙，极为方便。中外人士来参观的很多，因为大家都以为这是秦朝的建筑，有两千多年的历史，所以都要来看看。其实这确是明朝的工程。按战国时燕秦都有长城，秦统一后，更大增建筑，以后历朝都有补建，不过地址屡有变更耳。元朝统一之后，蒙古及内地便变成一家，此亦无用；明朝驱逐蒙古人于蒙古去后，为防北边，才又大修一次，即现在之长城也。之后，这种城也没有国防上的价值，但为保存古迹，也是应该重视的。

碧云寺

碧云寺在西山之阳，在明朝原为一座庙宇，魏忠贤改为他的专祠，一直到清朝康熙年间，尚仍然存在。经人发现，奏明皇上，说这种祠堂，不应使之存在，经皇帝特旨才把他铲除，仍改为寺庙。此事曾经《啸亭杂录》记载，是否康熙年，却记不清了。民国后中山先生在北京去世，曾暂厝于此，后移葬南京，此处便做了衣冠冢。庙中有一水泉，为西山一带最大之泉。庙后山中杏花极多，每到春季，游人极夥。南边又与香山之静宜园为邻，园中设有新式饭店却名曰香山饭店，吃住皆很方便，因之外人来此者，亦不少。

大觉寺

大觉寺还在碧云寺的西北山后，规模极大，杏花极多。在前清老进士们，每年春季，多到此看杏花，三鼎甲更要来，因为中状元之时，正是杏花开放，所以多要来此一游，以纪念他们登科之日。在这个庙中，曾有一件极重要而伤心的事情，是国民不可不知道的。就是咸丰年间，英法联军到了北京，城下之盟所订的开放南方几个口岸等等的条约，是在此庙中签的字；签字之亭，在庙之右院，昔人有句云："击破金汤是此亭"云云。我因此到庙中去过几次，此亭尚依然存在，大家都应该去看看才是。而且到此庙去的路上，有许多有关史事，或有趣的事情。路间有两个村庄，一村都姓杨，传系杨延昭之后；一村都姓韩，传系韩昌之后。这两姓绝对不能结婚，倘一结婚，必有灾难不祥之事发生，数百年来永是如此。我只往此二村去过一次，详细情形记不清楚，大致是如此就是了。有冷泉村、温泉村，温泉村且设有学校，及饭店、宿舍、医院等等，吃住也很方便。有地名"黑楼"者，院中景致颇佳，有涌泉两三处，都喷出地上三四尺高。院内有一楼，传是魏忠贤害人的楼，这等于苏联之集中营；凡大臣得罪了他，他便把大员困于此楼之上，如果降了他，便可得生，否则下楼时，自己不知就落入井中了。因该楼梯下，屋中间有一井有盖，上楼时不知也，因此名曰"黑楼"。再往北有妙高峰，原为一庙，光绪之父醇亲王葬于此。此为清朝一种特别的陵寝，按皇帝之陵名曰"陵"，陵之制有宝城，有享殿，有宫门，有碑楼，等等。亲王之陵，名曰"圆寝"，只有一个土丘及祭祀之殿堂而已，此则一切都照皇帝陵之制度，而本坟则仍只一土堆，盖因他虽只王爵，而他儿子乃是皇帝。这就是周朝"父为士，子为大夫，葬以士，祭以大夫"之义。坟之右边，有一株大白果松，植物学名曰梄，圆径约六七尺，风水家云，此树为此坟之重要风水，亡者的后人，将来的发达，是不可限量的；但已被西后派人锯倒。这也有一段历史。西后修他自己之菩陀峪——从前皇帝之陵，未葬之前都名曰"峪"，葬后才叫作"陵"——特派其最亲信之醇王为监工大臣，当然以为极可靠了，没想到陵未修成，就倒塌了几处。这当然是偷工减料的毛病，至于醇王使了钱没有，不必断定，但其下人太监等，则当然得钱不少，以致工程极坏。西后闻之大怒，但此时醇王已死，无法出气，乃派太监数人，持手谕，并用黄布包了锯斧等物前去锯倒。本家当然知道，但不能抵抗，至今该树还躺在墙外。再往北为黑山头，公家建筑所用之豆渣石等等，都出在此。由大觉寺往后去，就是往妙峰山一条大道。由以上这种种的关系，则大觉寺是应该去看看的。

妙峰山

所谓妙峰山者，乃是一座庙，在大青山之后，庙并不大，但香火极盛。在前清时代，河北省有两个大香火会场，一是易州后山庙，一即此处。春季之庙会有一个月之久，各处来烧香之人，不计其数，以天津人为最多。由北平到妙峰山，经过大山，极为难走，然有五条路，号称大香道，都是太监所修。各种善会都要前去进香，如高跷、龙灯、五虎、少林、十番、旱船、狮子、扛箱、中幡、戏剧等等，最盛时有二百多档子。

八大处

八大处在北平城西，彼处有新式的饭店，吃、住、沐浴都很方便；共有庙八处故名，最出名者为秘魔岩、龙王堂等。但在从前说，这是小八大处。真正八大处，有西域寺、潭柘寺、戒台寺、碧云寺、上方山（在北京人骨出土的周口店左近，极深邃有趣）、大觉寺，再加秘魔岩等，号为"京西八大刹"。

但其说也不一致，有人说卧佛寺也在内的，但我以为这无关重要，总之都是应该看看的地方。

以上所举不过几处，此外还多，不必尽举，这也是北平做了六七百年都城所必然的事情，不过可看的地方多，则性质就不同了。

> 有的有关政治　有的有关教育　有的有关历史
>
> 有的有关文化　有的有关建筑　有的有关美术
>
> 有的有关宗教　有的有关风俗

总之无论为求哪一种的知识，都是应该看看的。全中国关于这些性质最全的名胜，当然以北平为第一。因为从前做过都城的地方，大概都毁了，再古不必说，汉唐的西安，南朝的南京，宋朝的洛阳、开封、杭州等处，大多数都毁掉，有的地方古迹，一点也看不到了。北平虽亦稍毁，但存在的尚很多，所以说实在应该看看，而且也实在应该写写，不过此文因篇幅的关系，不能多写了。

八、北平的建筑

　　要谈北平，当然先说到建筑，北平的建筑始自明朝永乐年间，以前金元两朝虽然已经有都城的建设，但原址靠西南，大约离丰台很近，元朝廉文正公希宪的万柳堂花园，就在莲花池跑马场左近。法源寺这座庙元朝在城之东北，现在则在西南角。因都城近丰台，所以彼时丰台为官员人民宴乐之所，清朝初年，阔人还常去，一直到光绪年间，偶尔还有人到丰台观花；民国以后则无人知道了。

　　北平分内外城，内城共九门，俗说"门见门，三里地"。南面中为正阳门，东为崇文门，西为宣武门；东面北为东直门，南为朝阳门；西面北为西直门，南为阜城门；北面东为安定门，西为德胜门。以上清朝所命之名。清朝虽然都另起了名字，但人民怀旧，仍然还是呼明朝的旧名。比方正阳门则仍叫作前门，崇文门则仍叫作海岱门，宣武门则仍叫作顺治门，朝阳门则仍叫作齐化门，阜城门则仍叫作平则门；外城各门亦然。并且都有简单的说法，如崇文门内外，可写崇内崇外，他门亦然。这种写法，最初邮政局不知，所以不承认；后来在邮局，也很通行了。这种情形，一直到现在，还是如此。固然是习惯使然，不易更改，然看得出人民怀念明朝的情绪。

中国若干年来，讲究是九重天子，所以中间之门，自最外到最里，共为九道门；不过这九道门的说法就不一样了。一种说法，是一永定门，二正阳门，三中华门，四天安门，五端门，六午门，七太和门，八乾清门，这便到了宫里；尚短一层门，有人说太和门外，还有一道木栅栏门，也在其内。又有一说：外城是后来增建，永定门，不能算在其内，而前门为两层，因此算是九层。

永定门内，东为天坛，周围十里，皇帝祭天及祈雨，都在此处；西为先农坛，周围六里，皇帝躬耕就在此处，这个礼节，名曰耕藉礼，《礼记》中所谓天子三推，诸侯五推者是也。

往北为天桥。天桥这个地方，在明朝初年，是最美丽的一个处所。河流由西来，到虎坊桥南流，东流过天桥，往东又往北流，到三里河，往北往东出城。所以珠市口以西大街，有虎坊桥、韩家潭，珠市口以东有三里河、南桥湾、北桥湾等等的名目，至今犹然。三里河北往东之草厂头条至七、八条胡同，都是皇家由船中卸草的码头，后来河流淤塞，天桥无水，这一个地方便冷落了多少年；民国后因建筑电车的关系，又热闹了一个时期，因为电车最南头的出发点是天桥：东边一路，北通至北新桥，西边一路西通至西直门。住在后门内外的居民，不但没有看见过电车，而且有许多人，没看见过天桥，因为彼时皇城的南池子、南长街，两豁口未开，住在皇城内东西两面的人，固然可以出东、西安门，住在后门内的，就得出后门，彼时既无马路，又无汽车，坐骡车到天桥，来回就得一整天，所以去过的人很少，尤其是妇女。自电车通后，不但坐电车过瘾，而且来回不过数十分钟，于是后门之居民，人人要逛逛天桥，天桥便兴盛起来。在民国初年，天桥一处，一切杂耍不算外，只戏园子便有五处，茶馆饭馆更不必提了。

前门大街，最初是很宽的，明朝日本人画的查楼（即现在之广和楼），门口还在大街上，后来两边侵占，两边又添了两道小街，东边曰肉市，西边曰珠宝市，则大街焉能不窄呢？不但窄，在前清二百余年，五牌楼南，大街之上都是卖鱼虾的，都是搭的席棚，即名曰鱼棚，中间只有一丈多宽的过路。因为皇帝祭天坛或先农坛，在此经过，必须把棚拆去，否则辇便通不过，皇帝过完再搭上，所以永远未能盖房。光绪末年，因这些鱼棚，不但有碍交通，且有碍观瞻，才把他移到西河沿，特别另建筑了一个市场。这本是一件小事，但搬移鱼棚的时候却有许多笑话。大家都说："皇帝是龙，前门外所有的鱼虾，是给龙吃的，所以所有的鱼虾都在此处，如今鱼棚一移，龙非饿死不可；龙饿死就是皇帝完了，则清朝必要终了。"大家如此说法，原无足怪，最有意思的，是有几位御史，也据以入奏，说如此一来，则对大清国祚是有妨害的；不过因为经过庚子以后，西后有点怕外国人，没敢特出主意，此事才算过去。

中华门在前清名曰大清门，因为明朝名曰大明门，所以他改为大清。其实大明门这个名字，乃元朝所命，并非始自明朝，然前清绝对不肯留着"大明"二字，这与民国不用"大清"二字，改为"中华"二字，同一性质。中华门外一大片石墁地，三面汉白玉的栏杆，名曰天街，由此往北，从前便都是禁地了，然戴官帽之人，便可通过，尤其是每早上朝的官员，往往由此进去。每月二十前后，月光正明，月光之下，在此行走，颇有诗味。北平有一景，曰"天街步月"者，即是此处。

天安门为皇城的前门。北为地安门，东为东安门，西为西安门，俗又称后门，或外东华门、外西华门。天安门外东即东长安街，西即西长安街，这本是内城东西城交通惟一的条大街，此外别无可通之街道，但因东、西长安门平常都不许走，所以这一条大街，在前清是等于没有。然戴冠帽之人，尚可通行，所以从前卖水菜的人，往往戴一官帽，倘门丁盘问，即可说是给某机关送水菜。东西城居民之来往，都必须南绕至前门。天安门外，有一河曰玉带河，亦曰金水，河上有五座桥，名曰金水桥，此处通常都呼做外金水桥。民国以后，袁世凯有阅兵等等大典，都在此处行之，因站在天安门上，较为保险也；又因东西电车交通方便，以后大规模的聚会，也都在此处。

端门。有人说当初建设此门或者是因为凑足九重门之数，据我调查询问所得，仍是森严的关系。此门之南，东西有两个大门，即皇帝进太庙及社稷坛之正门，而两旁之厢房又为存放盔甲弓刀之所，都是极重要的地方。可是端门之后，午门之外，乃是平民可以来往的道路，于收藏军装之库房，实不够严密，也可以说是实在有建设一层门，以防匪盗之必要。

午门为紫禁城之南门，北为神武门，东为东华门，西为西华门，在这个城圈之内，就很森严了，除每日上朝的官员外，所有下级差役人员，都得有腰牌，否则便不能进门。午门上边为五座楼，名曰五凤楼，平常所说的"龙楼凤阙"，即是指的此处。民国后开放，改为博物馆，从前菜市口杀人的五把刀，及凌迟人用的各种小刀刑具，也都存在此处任人观看。在前清打了胜仗，皇帝受俘的典礼，永远在此：皇帝在城上观看，下边凯旋大将，将所有俘虏及各掳获品，均于门前陈列献之，此即名曰献俘礼。再朝廷有大庆贺典礼时，则在此门楼上，陈列钟鼓；门内院中，陈列执事、仪仗、大驾卤簿等等。这些仪仗，并不见得应用，但非陈列不可。在门外东西两边陈列着日晷及嘉量。曰晷者测日影定时辰器也。全国的时刻以此为准则名曰"都城顺天府节气时刻"，即指此日晷，亦名日规。在前清时代所颁行宪书，最全者，是各省的二十四节时刻都有；平常所用者，则只有北京的时刻，书中第一行便注明"都城顺天府节气时刻"字样。嘉量者标准量器也，全国的升斗，都以此为准。其实以上这两件事情，只不过有这样的规定，结果谁也不管，他为什么安排在这午门外陈列呢？因为午门外，东西都有阙门，本来人民可以来往，比方皇城东西两边的人，都可以由东华门顺紫禁城墙往南往西：进东阙门，过午门出西阙门；沿紫禁城，往西往北，便是西华门外。这条路是车辆都不许通过，然人民戴上官帽，都可以随便走，不过因地方森严，没有走过的人不敢走就是了。照规定此处是国民可以随便行走的地方，而门内便是禁地，则此门即古人所说之国门，所以将嘉量日晷，陈之国门，以便人人观览。这是大公无私，而且便民的举动。不过行久便成虚设了。

　　太和门外，也有一道河，名曰金水河，也叫玉带河，河上有五座桥，即名曰金水桥。大家呼天安门外之五座桥，为外金水桥，呼此为内金水桥。门内即太和殿，俗称金銮殿，凡国内有大庆典，都在此处行礼，例如元旦、万寿、大婚、凯旋，以至会试点状元发榜等等的大礼节，皇帝都要坐太和殿受贺或办公。殿前有大月台，此名曰"丹墀"；三层台阶，即名曰"丹陛"。丹墀下就是一个大院，都是三层砖墁地。由丹墀右角起，到院的西南角，由丹墀的左角起，到院之东南角，各墁两条石块。此石块大约每七八步远一块，每块见方尺余，此即名曰"品级石"，亦曰"品极台"。每逢大朝贺时，官员都在此按品级站班，文官站东边，武官站西边，所谓文东武西；所以文官的补服都是鸟类，而鸟首都向右边，武官补服都是兽类，而兽之首都是向左边，这都是头向皇帝之义。太和殿之后，即中和殿，再后即保和殿。照国家的规定，皇帝办公应该在保和殿，后来因皇帝永在乾清宫上朝，于是保和殿，除乡会试之年，在保和复试之外，就没什么许多的用处了。

乾清门在保和殿的后边，门外有不大的一个院落，此处便极森严了，门外台阶以西靠北墙有三间房，此即从前之军机处，门口挂一白油木牌，上写黑字曰"误入军机者斩"；错走进去，就是杀罪，其严可知。在此屋内办公者，只有军机大臣几人，司官人等有事回禀堂官，须站在门外说话；军机大臣命进，才能进去。台阶之东，靠墙有几间北房，名曰"九卿朝房"，乃各衙门堂官上朝时座落之所。院中西南角，有三间南房，名曰"小军机处"，因军机处的司官名曰"小军机"，故此名曰"小军机处"。小军机处亦名军机章京，满洲话曰搭拉密，故内庭说话通称军机搭拉密。总之这个院中，只有这几个机构，其余各衙门中之司官，倘没有公事，谁也不肯进这个院中来了。

乾清门内，就是乾清宫，俗称乾清殿，乃每日皇帝上朝办公之所。门内两边群房，西边为上书房，曰讲起居注官办公之所等等；东边为南书房，皇子皇孙读书之处。乾清门内，只有这几处，官员可以到达，且可以与皇帝会面。再往后便是宫禁，俗名都叫后宫，乃后妃等所住，平常官员就不许进去了。总而言之，是乾清门以外，都是皇帝与官员办国家公事的地方，所以房屋都名曰殿，偏殿或曰阁。门内乃是皇帝私人眷属住的地方，房屋都名曰宫。紫禁城内之宫，平列又分五个圈。民国后开放的故宫博物院，所谓中路、东路、西路、外东路、外西路等等，就是指的这五个圈。自然中间一圈最大，名曰正宫。前门即是乾清门，后门名曰顺贞门，再往北就是紫禁城的后门神武门了。

皇宫的情形，大致如此，至于宫内，处所当然还很多，好在逛过故宫博物院之人，都可稍稍明了；没有逛过，全靠写也很难明白的了。不过有一些趣味的事，还可以说一说。宫中关于厌胜的事情，有三十六天罡，七十二地煞。天罡者，即宫中之大金缸，缸罡同音。缸为铜铸，外包以金颇厚。乾隆年间，有人用刀偷刮缸上之金被斩，足见其金之厚。缸面口径约三公尺，原为盛水防火之用，各宫殿前多摆一对，如太和门外，阶左右就有一对。据说宫中共有十八对，以足三十六之数。此外又有铁缸若干对，小于金缸；乃嘉庆年间，籍没和珅家时所抄来者，则不在此数之内。七十二地煞者，宫中各院落内都有井一眼，当然是为用水方便，据说全宫中共有七十二眼，便是地煞。以上不过听到宫中所说，两样我都没有数过，不知果是此数否，然如此传说已有几百年了。

九、北平的商业

前几篇写的都是关于国家公共的事情。而民间社会的事情，也必须要谈谈，因为北平虽然做都城六七百年，但风俗朴厚，人心安静，不似上海等城，做了不过百余年的商埠，便特别地嚣张，道德信用，日见沦丧；商界的行径，更是浮嚣。北平则不然。兹先谈谈北平商家的情形。

提起北平商界道德信用来，可以说是堪为世界商人之模范；他们虽然没有世界商战的知识，但有传统的信义、谦和的行径。比方说：上海、广州等城的商家，对于买主客人，太不客气，尤其是从前广州商人，对买主所说的话，常常惹得买主生气口角，其实若按法律来说，他们说的话，哪一句话，都够起诉的资格。另一面说，像犹太人之做生意，又太客气，往往闹得顾客不好意思不买，这是世人都知道的；日本之商家，也有这种趋向，这固然是好，但也有点毛病。须要知道，所谓不好意思不买者，便是不愿买而必须要买，这也算是一种为难的情形；下次再去，就要斟酌，这也是当然的情形，如此则生意也可以受影响。所以犹太人在西洋做生意，是可以极为发达，因为西洋人对于他们这种客气，并不十分重视。中国人则不然，他人对自己客气，自己更要客气，这是中华民族传统的文化精神。他客气我更要客气，自己觉得不买对不起他。说实话吾人到一铺子里头，不见得一定遇到自己心爱之物；非心所爱也要买，这于内心便有不舒服之处，则下次再去是一定要斟酌了。所以犹太人在西洋的那一套，在中国不一定行的开。北平商家的作风，与上两种都不同，像街道摆地摊之小商人，因未曾在铺中受过训练，他们说话不规则之处还相当多，若真正像一个商业的铺号，则说话非常和气，所以谚语有"买卖和气赚人钱""和气生财"等等这些话。这便是商业传统的要素，不但和气，而且规矩，不卑不亢，说的都是买卖范围以内的话；就是驳你回，你也不会不爱听。各行有各行的话，且是都有训练，最讲究的是大的绸缎布店，说话比其他行道，更显规矩而有道德，兹大略举两三种如下。

先谈绸缎布店。比方对他说，你们这儿货较为便宜，如某号某号较贵的多，倘次一点的铺子听到这些话，他一定很高兴，且必要说别家几句闲话，再自夸几句货真价实。但大布铺则不然，他一定说，"也差不了许多"，这就是不肯说同行坏话的道德，此只北平有之他处不见。

买绸锻挑拣颜色，往往时间太久，老拿不定主意，又怕铺中人嫌麻烦，这种情形往往有之。他看出这种情形来，他必说不必着急，买的时候，多费几分钟的工夫，将来穿着永远趁心如意的，稍一含糊，将来永远是别扭的，再说千灰万紫，颜色深一点浅一点，都要随心所欲，不可含糊。请想他说这样的话你心中当然爱听，而且对他一定是有好感的。挑拣许久买不成，临出门他必说货色太多，谁家也不能预备那样齐整，请先到别家看，倘不合适，再请回来。

　　到棺材（寿木）铺说话，就是又一种话了。比方，别的铺子，说客气话，一定说老主顾，不能多算钱，或希望买卖交的长才是主顾呢，等等这些话。但这些话，棺材铺中人万不能说，他必说，您这是百年不遇的事情，怎么能够多算钱呢？

　　比方吃饭馆子，阔人往往说你们的大师傅（厨役）太差了，他必说，要说比您府上的大师傅，那是比不了，在饭馆子中，我们掌灶的（厨役）也就算很好的了，他这话是驳了你的回，而且你还爱听。

　　以上这种的话，我从前记录过几百条，都极有思想而有趣，现只举几条，不必多赘，这可以说是都是世界商人可以为法的。以下再谈谈商家的道德、组织、信用等等，有许多也是世界上少见的。

旧书铺

北平旧书铺的组织法，不但中国其他城池没有，世界各国也是不见的。他除在柜台上售书外，里边屋中总陈列着几张八仙桌，预备人去看书。从前吾国虽有藏书楼的组织，但多系私人所藏，间乎有公共者，然甚少，只有极讲究之书院中，偶或有之，但亦不容易借出，藏书楼中更无供人看书处的设备。则这种旧书铺，颇有现代图书馆的情形，而且比图书馆还方便。想看什么书，他就给送到桌上来。倘自己研究一件事情，记不清应看何书，可以问铺中掌柜的，他便可给你出主意。他铺中没有的书，他可以替你在其他书铺转借。看书时想吸烟，有学徒替你装烟，想喝茶有学徒给你倒茶。你若看书看饿了，他可以代你去买点心；常看书的熟人，有时他不要钱，他还可以请你。这在世界上的图书馆中是没有的吧？不但此，你在家中想看什么书，他可以给你送去。看完了不买，是毫无关系的，比方说自己想作一篇文章，应用的参考书，家中没有，也可以去借；只管说明，我暂作一次参考，你看完了，他便取回。不但此，倘做文章自己一时想不出应用何书参考，也可以直与书铺掌柜商量，他可以代出主意，自己书铺没有，也可以代借，看完了仍旧由他代你送还；他不但由别的商家代借，有难觅之书，他知道某学者家有，他也可以替你去借，因为有该书之家，你不一定相熟，而有书之家，总是常买书，与书铺一定相熟的，所以他去借容易得多。这于学者读书人有多么方便。如果你不认识这种书铺，你可以托朋友介绍，他一样的给你送去，看完了他便取回，也不要钱。

我问过他们，老光看不买岂不赔钱吗？这种旧书铺之掌柜，不但有道德，而且有思想，他说书铺的买卖，道路最窄，平常人不但不买，而且不看。所来往的，只有几个文人，文人多无钱，也应该帮帮他们的忙，而且常看总有买的时候，倘他给介绍一个朋友，做一批大点的买卖，也是往往有的事情，这哪能说是他白看呢？请听他这话，是多么有道德。他不但有道德——且有相当的学问，对于目录之学，比读书人知道的多得多。在前清光绪年间，琉璃厂路南，有一翰文斋，老掌柜姓韩，就知道的很多，缪莲仙、王莲生诸先生都常常问问他。张文襄之洞在他的《书目答问》一书中，曾说过读书人须要常到旧书铺中坐坐，就是这个意思。彼时如张之洞、王莲生、盛伯羲、许叶芬、王闿运等等诸公，都是常去逛书铺子的。

茶馆子

北平的茶馆子，也实在值得谈一谈，他与各大城中之茶馆，虽然相同地方不少，但特别的地方确很多。茶馆子卖茶，自然是他的正业，但北平茶馆可以分两种，一是早晨，一是夜晚。北平人最讲喝茶，尤其早晨更非喝不可，所以早晨遇到熟人，必须要问一句，"您喝了茶咧吗？"大约都是简单着说，"您喝了吗？"若到大街上碰到，则必相约同到茶馆，此定例也。五行八作除有长期工作者外，其余所有工人，大多数都得到茶馆喝茶，一则喝茶，二则也为寻觅工作。北平的规矩，所有承应工作买卖之商家，如泥瓦作、木厂子、搭棚铺、饭庄子、裁缝局子、出赁喜轿铺、杠房等等，答应下工作买卖来，次日一早，便到茶馆中去找工人，所以各行工人也都到茶馆等候。各行工人有各行的茶馆，不能随便进去，因为棚匠若到厨役的茶馆，那坐一天也找不到工作。这个名词叫作"坎子"，哪一个茶馆，是哪一行的坎子，是一定的。而且茶资也极便宜，每人每次不过茶叶钱，大个钱一枚，水钱一枚；倘自备茶叶，则只花水钱一枚便足，任凭你喝几个钟头，也没关系。大个钱一枚，合现大洋不到半分；彼时每一元现洋，约可换大个钱五百枚，请看这有多便宜。这种茶馆就等于人市，有南方之墟，北方之集的性质。有许多商家下市之后，聚谈各种生意，也都是到这种茶馆来谈，这与上海、广州各大城之茶馆，有相同之处。

夜晚的茶馆，则多是书馆。从前生活安定，大多数人夜晚无事，都要到茶馆听说书，所以各茶馆都要特请有名的说书人，前来说书。大约是大茶馆就请大名角，小茶馆就请次路角，每日茶馆门口，也都有大广告牌，写明特请某人说某种故事，以广招徕。因为间有妇人往听，所以说的都是规矩的故事，如《列国演义》《三国演义》《隋唐演义》《说唐》《杨家将》等等的旧小说，都是常说。他们的说法也很有好的，在原词之外，总要加添许多有趣的言词，提神的动作，借以吸引听众；听书的人，多数也很入迷，一天不听，心神便无寄托，每天吃过晚饭，就都赶紧往茶馆跑，其入迷程度，比观剧又高得多。从前最盛时代，北平这样的茶馆，约有一千余处。每一大街，总有几处。大一点的胡同中，也是必有的。每天的听众，最少也在二十万人以上；比戏园中的观众，要多十倍。倘教育界利用这种书馆，给听众输入些新的知识，则于社会一定有很大的益处，惜乎当年学界没有注意到此。当年中山先生使广东之卖药人，讲演关于革命事情，收效就极大，与这种局面，大致相同。

饭馆子

北平的饭馆，亦与各处不同，极有组织，极有训练。所谓有组织者，是馆子分的种类很多，差不多是各不侵犯，如某种人应该吃某种馆子，可以说是一定，但此非仅是贵贱之分，容下边谈之。所谓有训练者，是堂倌等说话之有分寸，不卑不亢，要使人爱听；堂倌又名跑堂的，亦曰茶房，也叫伙计。兹先谈谈饭馆子之种类，及其组织法。

（一）厨行。这种没有馆子没有铺面，只在其住家处门口，挂上一个小木牌，上写厨行二字，专应大活，总是在办事之家去做，如办喜事、丧事、庆寿等等。在家中，在庙中，用多少桌席，他都可答应，少者一两桌，多者几十桌、几百桌乃至一千余桌，他都能办到。因为他手下，有这种种厨役，且有厨房一切应用的家具；就是没有也不要紧，因为单有出赁这种家具的商号，任凭你用多少桌都可，而且是粗细都有。他所做之菜品，与饭馆子不同，大约总是煨炖之菜最多，做出一锅来，随用随盛，不伤口味；或者做好之后，永在蒸笼内蒸着，随时用随时端，更较方便。须要知道，一顿饭之时间，前后不过两个钟头，要同时开几十桌，或几百桌，非用这种做法之菜不可；若多用炒菜，那就不能吃了，因为炒菜，要紧在火候，每勺至多炒两盘，若每勺炒十盘八盘，那是绝对不会好吃的。所以这种厨行也单有他专门的优点，大规模的红白寿事，多找这种。

（二）饭庄子。饭庄子分两种，一种名曰冷庄子，一种名曰热庄子。冷庄的情形，与厨行相近，但是他有院落房屋，大的有十个八个院子，房屋当然更多，有的且有戏楼，以便办喜庆事之家庆贺演戏之用。从前办红白寿事，多在这种饭庄之内，因其宽阔方便也，同时开几十桌，地方也足够。大家愿意在此办事者，因为在家中，事前事后，都有许多的麻烦，在此则说成之后，即可办事，办完之后，就算完事，没有善后一切之麻烦。这种庄子，平常不生火，所以名曰冷庄子。来吃饭者，必须前一二日规定，定妥之后，届时他便生火预备。办事定几十桌，他自然高兴；随便请客，定一两桌他也欢迎。

所谓热庄子者，是平常就有火，随时可以进去吃饭，所以名曰热庄子。但冷庄子三字是常说的话，热庄子三字则不恒用。这种与冷庄子，外表没什么分别，只门口挂有招牌，上写"随意便饭"、"午用果酌"等字样；冷庄子则无此。至于办红白事大宴会，则一样的欢迎。从前成桌的请客，多数都在此，因为地方方便，吃一桌饭，可以占一个院，至少要占三间房屋，而且若在饭馆子中请客，大家便以不够郑重，大家说起话来，总是说：既请客就应该在饭庄子上。如今金鱼胡同之福寿堂，前门外观音寺之惠丰堂等等，从前都是小饭庄子。再者饭庄子招牌，都是堂号，如愿寿堂、燕喜堂等。

（三）饭馆子。饭馆子的组织法，种类很多，归纳着来说，可以分为三种。大的饭馆，可以零吃，也可以成席，十桌八桌均可，如泰丰楼、丰泽园等皆是。他也外会，每次几十桌也可以，但这是特别的，且与本柜外面虽是一事，内容则是两事，他永远是两本账。这种大饭馆，若三二人吃，总是不合适的，最少六七人才相宜。

中路的饭馆，只宜于零吃，偶尔也可以做成桌之席，但绝对不会太好吃，如前门外之瑞盛居、春华楼等是。

小饭馆则只能零吃，绝对不能成席。这路最多，如东来顺等，都是如此；只管他生意好，地方大，买卖多，但他确系小饭馆之组织法，而且菜也简单，除炮、涮羊肉等外，可吃的菜不过几种。

（四）饭铺。饭铺与饭馆的分别，现在有许多人不很明了。大概的说，是以各种面食为基本生意者为饭铺，以菜品为基本生意者为饭馆。这种饭铺的种类比饭馆的种类还多，各有各的拿手，各有各的优点，如馅饼周以馅饼出名，耳朵眼以饺子出名，都一处以炸三角出名，荟仙居以火烧炒肝出名，苟不理（在陕西巷）以包子出名，面徐以面条出名，润明楼以褡裢火烧出名。此外尚多，不必尽举。也分大中小三等。大的兼买菜，且种类较多，如东来顺最初就是饭铺。在这种饭铺中吃饭，是最经济的，不但省钱，而且省时间，因为他食品多是现成的，而且简单，进去就吃，吃完就走，于公务员是最合适的。

饭馆饭铺种类甚多，以上不过大略谈谈，因篇幅的关系，也不能多说了。兹只再把他所谓信用谈一二事，亦非其他城池所有。从前东城隆福寺胡同路北，有一家饭馆名曰宏极轩，专卖素菜，凡认真吃素之人，都往他那儿去吃，买卖异常兴隆，尤其是各王公巨宅之老太太，每逢初一、十五，多系吃素，他们对于自己宅中之厨子信不及，以为他们用的刀勺，常做荤菜不洁净，永远派人到宏极轩去买。所以每逢初一、十五，他门口车马如市，都是来取菜的。为什么大家这样相信他呢？当然也实在可信，每天早晨派人到市上去买菜，掌柜的便坐在门口，买来之菜，他都要详细盘查，不但肉荤等物不许进门，连葱蒜薤韭等物，也绝对不许有；本铺中的人，年之久，连一点葱花都吃不到，这样的作风，安得不使人相信呢？安得不发财呢？

前门外大蒋家胡同路南，有一个宝元馆，他另有一种认真法。掌柜的终日坐在厨房门口，每一菜做出来，他先看一看，才许给客人端去，倘他认为不够好，他便把该菜扣下，使厨房另做；不够水准，不能给客人吃。这样情形去吃饭的人是不会不满意的。但他另有一种作风，他欢迎商界，不欢迎官场。商界每年请同行吃春酒，发行家请门市商，门市商请常主顾，每年每家总要请几十桌，此定例也。彼时每桌光菜钱不过现大洋六七元，不过这是一宗很大的生意，而且商家之钱是方便的。官场人请客，一两月中不见得有一次，而且跟班下人种种勒索，相当麻烦，所以不欢迎。按道理说，他两边的生意都做，岂不很好？但彼时有一种风气，是商人与官员，不能同坐一席，比方我们家有庆贺事，到请来宾入席时，便不能把商人与官员让在一处。不但官员挑眼，商人也绝对不肯坐。因为这种情形，倘该饭馆常有官员请客，则商人便不高兴去。所以不得已，只好得罪官员，不能得罪商家。

以上关于饭馆者只说两件。兹再把商业界的信用，说一件。

从前北平银号，最出名者为"四大恒"，都是由明朝传下来的，所以都在东四牌楼，在明朝东四牌楼是最繁华的地方。同治末年，四恒之一的恒和银号关了门歇了业，但他有许多银票在外边流通着，一时收不回来。彼时没有报纸，无处登广告，只有用梅红纸半张，印明该号已歇业，所有银票，请去兑现等字样，在大道及各城镇中贴出，俾人周知。然仍有许多票子，未能回来，但为信用必须候人来兑，等了一年多，还有许多未回，不得已在四牌西边路北，租了一间门面房，挂上了一个钱幌子，不做生意，专等候人来兑现。如此者等了二十年，光绪庚子才关门。请问现在还有这样的铺子没有。

北平商界，从前优点极多，不过大略谈谈。其余便可想而知了。

十、北平的工艺

　　北平的工艺，可真值得谈一谈，而且也应该谈一谈。宋朝在杭州有三百六十行之目，我在北平很下过一番工夫，详细调查过，大约有九百多行。我写过一本书，名曰《北平三百六十行》，书名不过用的现成的名词，其中已列有七百多行，后来又多知道了一百多行，尚未列入。然此还只是工艺，只是商业而无工艺者，尚不在内。这话乍说，或者有人不相信，能有这许多行道？其实若说明了，也就不以为奇怪了。比方说，"木匠"这个名词，简单着说，就是一行，不过木匠而已。若细一分，则行道多了，有的还是相去太远。比方说建筑房屋的木匠，绝对不会造车；造车的木匠，绝对不会造船；至于马鞍、寿木等等，更是专学。兹把各行之情形，大略谈谈如下：

　　木匠　平常说木匠，只是盖房、上梁、立柱等。

　　车铺　大车、轿车、人推单轮小车，又各有专行。

轿铺　人乘之轿及宫车（略似轿而异）单是一行。

船铺　万非其他木工所能造。

柜箱　有时兼做桌椅。

桌椅　粗细种类很多。

棺材　又名寿木，永远是专行。

杠房　抬杠之棺罩，及各种执事，更是专行。

硬木作　专做花梨、紫檀等木器，万非平常桌椅匠所能。

小器作　专做盘架瓶座等等，万非他木匠所能。

旋床　专做旋活，如栏杆，等等。

牙子作　门窗桌椅等等所用的花牙子，另有一行，桌椅匠有时亦能做，但价高而不得样。

点心匣　此亦系特别手艺，一个长尺余、高深各六七寸之木匣，每个不过现大洋半角钱，是以非专行不能造。

圈椅　此为北方一特别手艺，他们讲究只有一把斧子，便可造成一椅，连尺都不用；这也有点故神其说，然实在是极简单，每一把椅售价不过两角钱，然美而轻，且坐着亦极舒适，他省没有。

画轴　裱画行用之上杆下轴，以及轴头，非他行所能造。

算盘　此亦系特行，北平平常造的不及南方，但真精的，则比南方好。

木底　从前女子所穿鞋之木底，亦分两行，纤足之底，与旗下妇人之底，完全两事，都非其他木工所能做。

以上不过只举十几种，此外尚多，如箍桶、蒸笼、木鱼梆子、鞭鼓等等，不必尽举了。请看一个木行，就又分这些行，其他工艺，可想而知，大概是艺越精，则工越分得细，遂又各成专行了。

北平工艺为什么这样发达，当然是因为做了几百年的都城，有几位皇帝，把各省优美的工艺，都招致了来。兹大致谈谈如下。

锡器

此种手艺从前北平没有，最精者为广西，因广西之锡矿最佳，故工艺亦优。明朝就招来北京，后来北平的锡器，比广西还优美得多，他省更无论矣。

铜器

铜器工艺，很分几种，家常所用之杯盘盆盂等，都由湖北汉口来，后来也比汉口优良了。

响铜

北平单有响铜器铺，简言之曰响器铺，如锣、钹、铙、铃、钟等等的乐器，都是用响铜制成。此为中国特别的发明，西洋各国现还没有。西洋军乐队，初无铜钹，在西元一千九百年时期才添入，通通是由中国买去的，我代他们买的就不少。提起来这件事情很伤心，因为中国商人后来造响器，都搀杂铅质，太不经用，一敲就破，非买旧的不可；只好在乡间或庙中去找，很难得到，后来外国人嫌费事，才自己铸造，现在各国都系自制的了。但是他虽比中国的平滑美观，而声音可就差得大多了。这件事情大家是应该注意而提倡的。

古铜作

这行多数在打磨厂西头路南，专门仿造古代的钟、鼎、彝器。按吾国伪造三代秦汉铜器，自宋朝始有之，可是以前清之手艺为最佳。任凭你定制哪一朝代某种器皿，他都可以答应。大致都有模子，因为铸多了，也极在行，某朝某种之钟鼎，款式如何，文字如何，铜质如何，他都有考究。所做平常零卖的货，当然是成色次而价便宜；好的诸事认真，铜质、工作都讲究，这种几可乱真，收藏家、金石学家都往往上了当。而且他们常仿制了殷朝的铜器，偷偷地埋到河南殷墟左右的地下，埋过几年再刨出来，大家便认为真是殷墟出土，这种当然也实在是制造的精良。按这种伪制，在收藏家、考古家，看着自然是很讨厌的，但于我们穷念读的，却有很大的益处。我们想看真的三代铜器是不容易的，有了他仿造的这些器皿，我们便可以随时看到，若形状款式都不错就够了，我们何必问他的真假呢。何况连考古家、金石学家，都能瞒得过去，则为求知识起见，已经是没什么问题的了，所以说这种工艺是应该保存的。因为由他们可以保存古代不少的物器，这于考古的知识，是很有益处的。

亮铜

本行所谓亮铜活，乃是专指"宣德炉"而言，因为宣德炉之铜，都是亮的，与古代钟鼎相反。

相传明朝宣德年间，内廷宫殿失火，把殿内所存金银铜等器，烧得熔化到一起。皇帝便命把这些混合金类，都铸成了香炉。铸成之后，不但样式古雅，而铜之光彩，于五光十色之中，更饶苍润雅洁之致，赐与大臣者都极宝贵，以得到为乐。社会极为羡慕，于是伪造者便多。

北平单有这种作坊，专造此器，好者亦可乱真，价亦极高；专门收藏此器者亦很多，如叶玉虎先生便是收藏者之一，我在熟人家见到者，约共有千余件之多，真伪我不懂，但都觉光耀夺目，实在是一种雅致的玩器；外国人买的也很多，这也是应该提倡保存的一种艺术。

玉工

琢磨玉器的艺术，可以说是始自北平。按三代以来，玉器的制造便很发达，而且是孔老夫子最恭维的一种，所以自古便以玉器为重，雕琢也不错。不过彼时之雕磨工，说他雍容大雅，是不错的，若讲玲珑精致，则远不及后来。尤其到了清乾隆年间，皇帝极喜欢玉器，彼时的和阗贡玉，几成一种虐政。最初运来，先运江苏，发交玉工承制；后来又把优良的玉工，招到北京，在内务府造办处工作。所做出来的器皿，无不雅致精美，其形式雕磨工夫，都超过古人甚远。外国人得者亦都极珍重。所以说这种技术，始自北平。到嘉庆帝尚俭，和阗免再供玉，于是玉价一落千丈。然优良的玉工，都留在北平，所以至今还传留着优良的技术。若只按人生说，似乎不是社会中所需要的工作，然在文化中则也是很重要的发明，至今各国仍无这种工作。

汉玉

中国自古以来就极重视玉器，朋友彼此投赠以玉，两国聘闻以玉，所以用玉代表和好，文字中说到打仗就用干戈二字代表，说到和平就用玉帛二字代表。在《礼记·聘仪》一篇中，孔子有玉赞。古人又云，君子无故玉不去身，因此自古传到现在，贵家文人都是重玉的。尤其是北平，稍通文墨之人，或官吏，腰间多佩带一块玉，多者数块。大家都说，每一块汉玉，都能救人一种灾难，比方你骑马掉下来，按命理本应受伤或致命，但若腰间携一块汉玉，则一定是这块玉受了伤，或破或碎，而人则无恙，意思是这块玉替代人的伤亡。这话可靠与否，不必认真，但人人这样说法。因为人人有这种思想，则汉玉为人所重，自不待言了；因为人人重视，便人人想有一件，哪有那些真汉玉呢？于是假的就出来了。什么叫作汉玉呢？就是汉朝传留下来的玉。因为孔子他们就那样的重视玉，汉朝的人当然也就重视，不但活人重视，连死人也需要。讣文上常写的"亲视含敛"，敛是收敛，穿衣服等等皆是；含者是身上所有孔洞，都要塞上一件东西，免得血往外流，或他物进去，这种多数都是用玉。如鼻中所塞者名曰"鼻塞"，肛门中所塞者名曰"粪塞"。因为在土中埋了多少年，身中之血，当然要浸入玉内而变红，于是就起了个名词，叫作"血浸"（浸亦作沁）。棺中尚有别的物质，如骨中有石灰质，经骨灰浸入而发白者曰"石灰浸"。入殓时恒用水银，经水银浸入而发黑者曰"水银浸"。如此种种，讲究很多，然总以血浸为最有价值，以其鲜红美观也；于是作假者，总想作成血浸。据云他们都有做法，先把玉照汉朝的手工做成，入沸油炸透，趁热放在死狗肚内，埋于地下，约数年之久，即可成功，因热玉容易浸入也。这种工艺，虽不能说只北平有之，但以北平之技术最高，则是毫无疑义的。

拓片

　　此艺大概始自唐朝，《唐书·百官志》，"有搨书手笔匠三人"，当即指此，搨亦可写作拓，乃我国最好的一种发明，因为他不晓得保存了多少古碑古器的文字。在照相术未发明以前，这是一种极重要的技术。其拓法是把薄纸水湿铺在碑上，垫以毡或布之垫，用木椎椎之，所以又名曰椎碑。则字画凹处之纸，当然拓下去，乃用布包米糠等物，染墨轻轻在纸上按之，平处着墨，凹处无墨，字即现出。优美技术所拓者，可以丝毫不走样，有万非照相所能及者；且有许多物器不能照相，则更要靠拓片了。百十年来，此技以北平为最精，能将器皿之原形，完全拓出，亦可一丝不走。关于此事，在《主义与国策》半月刊图书馆专号中有苏莹辉先生一篇文章《图书馆藏拓片的编目工作》，言之甚详，此处不必多赘了。

裱工

裱工又名装潢，俗名裱画铺。北平早已有人，但最好的手艺，乃由江苏苏州传来；已有几百年的历史，可是至今还名曰"苏裱"。按此种工艺，可分为两种：一是专裱新画，一是揭裱旧画。固然彼此都能做，但揭裱旧画的专门人才，则手艺好得多，无论多破多旧，他揭裱出来，总是很齐整的。这种手艺，从前虽有由苏州传来的，但现在则以北平为最佳，这也是应该注意的。

装订书籍

装订亦曰"装衬",《癸辛杂志》曰"装褙"。这种手艺以北平为最佳,旧书破损,都能补衬,虽补多少层,补处也不显加厚。尤其是金镶玉的装法,更见精妙。此种装法,是把残页修补妥当之后,又把整部书,每页之内衬一张粉连纸(两层),此纸比原书页天地约各长一寸上下。如此则所长之处,当然比原书较薄两层;他又在天地两处,各衬两层纸,技艺之妙,出人意外。如此则该书虽再受磨擦,也只能伤所衬之纸,于原书便不会伤损了。由此便可保存许多古本书籍,真是有功于文化,有益于教育的一种工艺。可惜这种手艺,几十年来已经衰微了,这也是大家应该注意的事情。

墨工

制墨的工艺,中国发明颇早,最初最盛者为河北省之易州,后才传到南方。徽州是很发达的,但北平的技术也很优良。因为乾隆年间,乾隆把明朝所存留墨之碎烂者,发交造办处重新铸造，而造办处向来没有这种工艺，于是把南方极优的墨工手招了来制造；制造得非常之美，遂留落北平，故至今仍有优良的手艺。然已微矣。

砚工

做砚石的工人，当然以广东之端溪，浙江之歙县为最多而最好。北平不出砚石，何以有造砚石之工人呢？这也有他的原因。从前一个皇帝的砚台，绝对不许后一个皇帝使用，每一个新皇帝登基，内务府便须特制备二十方砚台，以便新皇帝应用，这种砚台都是内务府造办处所制；平常也不断制造或修理，这种工人之技术，比端歙两处还高。现在琉璃厂还有留传着的这种技术。因为北平不出这种石头，所以他们制造新砚的机会很少，但如果有好砚损坏等等，使他修整，则整理出来，往往比旧的原式还好看得多。这也是一种应该保存的工艺。

小器作

  这不但是我国的精致手工，而且是世界上一种特殊的工艺。他也是木工之一，但所制造的物器，万非其他木工所能做到。所做的都是极细致的木工活，种类自然很多，但最普通为大家听见到的，是关于瓶炉的架、座等等。这些座、架，大家虽然常见，但对他有研究的人却很少。没有研究过，便不知道他的好处。这种作坊，都有一本图样，什么样的瓶炉，应该配什么样座架，差不多有一定的，配制出来当然也都式样美观。但这是极平常做法，技术优良的工人，则另有技术，也可以说是学问。平常物器无所谓，凡有价值的器皿，如杯、盘、炉、碗、瓶、罐，以至各种钟鼎彝器，送来配座、配架或配提梁等等，他必须要先审察该物之形式，然后再绘图制座。不但物器之形式与座须配合，连器上的花纹，都要顾到。配好之后，要能够给该器皿，增加几倍精神，方为合格，方算优美的手艺。所做的座、架千变万化，其形式姿态，可以说是无一同者，真是神乎技矣。这种工艺可以说只中国有之，也可以说只北平有之，他处虽有，无此精妙。在民国二年的时候，我普想把这种工艺，开一次展览会。阔人家所收藏的钟鼎彝器等，自然有许多很好的座架，但此不容易看到。有一个时期，我常到琉璃厂各古玩铺中查看，有不同的样式，我便记下，约看到三百几十种，后有他事，就未再接洽，然至今耿耿，常不去怀。我总想倘能把旧有优美的座、架，搜集了来，开一展览会，必能为我国工艺界放一异彩，亦能为国争光。

鸽子哨

鸽子哨全国各处多有之，多数是用旧纸牌圈一筒，两端蒙以纸牌片，留一洞如平常哨，系于鸽尾之根处，飞时迎风作响。北平则讲究，制此者特有专行，工极精致，声亦极清脆，种类样式很多，有葫芦、筒子、三联、五联等等的名目，约有几十种，声音亦有不同。按此物亦是中国的特产，《宋史·夏国传》中，已有悬哨鸽的记载。哨亦名曰铃，诗中用此者颇多，唐人诗："清脆铃声放鸽天"，即指此。这种哨最重要的条件是要响亮，然更重要的则是体质非轻不可。我很认识几位工人，我用两个荔枝壳，求他们做了一个哨，是轻而响，且颇坚固，我不知他们用什么法子给制了一下，否则荔壳极脆弱也。一次我又用塑胶制的小儿玩的小球，比乒乓球薄而小，制了一个哨，尤轻而响，他们说塑胶制此哨，实为最妙之品，因为他薄而轻，而且严密也。按《宋史》中之悬哨鸽故事，乃为战争而设，预先装一笼鸽，放在路上，对方军队来时，不知其中所装何物，当然要打开一看，笼子一开，群鸽飞出，便知对方军队已到，乃动兵围之打了一个胜仗。如今各国军队中都养鸽，可以传递消息，名曰军用鸽。光绪庚子，联军到北平，各国武官买的都不少，都是送回本国参谋部研究应用者。我国人则未注意及此，至为可惜。若想研究利用，则非北平之工人不可，因为他们已经够了专行，且技术精巧。其余城池中虽也偶有之，但非专行，手艺则相差太多，不可同日而语，这是不可不知道的。

绣货工

中国的绣工，当然以广绣、苏绣、湘绣，为最优美。北平的绣工，没什么名气，所以知道的人很少。但也很发达，大致说可分三种，最粗的专绣棺罩帏、喜轿帏等，中等的专绣戏衣等，最细的则零星杂物，如女绣鞋、荷包、手帕等。虽然都叫绣工，其实种类很多，如：平金、纳锦、堆绫、打子、戳纱等等，都在绣工范围之内，但各有专行，且另有优良的技术。在光绪庚子以前，几百年的工夫，北平送礼，多用活计。活计者乃用一纸盒，装入许多绣货，如扇珞、褡裢、眼镜盒等物，少者四件，多者十二件。倘家中有婚嫁喜事，总要收到大量的这样活计。活计简言之又曰荷包，从前前门两旁有两道小巷，即名曰荷包巷子，因为其中卖此者较多故名。光绪庚子以后，这种买卖就衰落了，然有一种情形，人多不知，就是大的绣工作坊，还有几家，都在崇文门外、广渠门等处，每家总有几十人。民国以后，又有一种特殊的生意：美国人买的中国绣货很多，但他进口税很大，而他为提倡古物进口，所以乾隆以前的绣货进美国不上税。这一来给了中国绣工界莫大的机会，现在是每一工厂，都能假造乾隆以前的绣物，其大本营多在前门外、东珠市口、西湖营内。说起来这种假造也相当的难，若只是仿造乾隆以前绣工之细，那是很容易，只要能多卖钱，便能加工加细；可是美国很认真，除检验绣工细致外，他还用科学的方法，把绸缎、绣线，以至染绸线的颜色，都要化验一番。乾隆以前的绸缎、丝线、颜料等等，与后来的都不一样，一经化验，真假立辨，不能蒙混。于是北平绣货局子专收购乾隆以前的绸缎丝线及颜料，染好再绣，则美国税关便化验不出来，贩运者因能逃得高税，利钱颇厚。所以这路绣货，在北平价值颇高，获利更多，这种生意，很是发财。本来除了绣工之外，其余都是乾隆以前之物，何所谓假呢，这也可以说是异想天开。此行亦只北平有之。

北平这种工艺很多，例如珐琅、雕漆、地毡、纸花、雕刻等，都比别处精致。不必多写，只看上边写的这些种，其余亦可想象而知了。

十一、北平为中国文化中心

北平建都历史悠久，当然便成了文化集中的地点。旧文化、新文化，都比他处高得多。南京作为都城，虽已有二十余年，各种学校虽也设立不少，但比起北平来还相差很多。因为文化不是骤成的，必须有他的环境及悠久的历史。不必谈别的环境，只旧书铺一种，就万非其他城池所能比拟。

先说旧文化。自有科举开科取士以来，以北京办此事为时最久，不知出了多少举人、进士。考进士的场，名曰会试，只在北京行之，他处无有，是进士都出在北京。考举人的场，名曰乡试，是由各省考取，此省之人绝对不许在彼省应试，而北京乡试则各省人都可应考（备有监生执照即可考），所以北京出的举人也特别多。再如翰林院这个衙门，也完全是一个大学的性质，院中的堂官，不名曰堂官，而名曰掌院学士；所有院中的官员，对堂官不称呼堂官，而呼为老师。朝廷一切的文字，都归他们撰拟，这可以说是最高的学府了。

再谈到新的文化。全国的新式学校，亦以北平为最早。总理各国事务衙门（即外交部之前身），为储备训练翻译人才，在同治二年，特创立同文馆，中有法英德俄日五国文字，教习必须各该国人，科学有天文、算学、化学等门。我便是同文馆的学生。以后广州也有同文馆，上海又有广方言馆，这两馆之优秀学生，都可保送到北京同文馆深造。在光绪十几年，基督教会又创立了一个汇文大学，在崇文门内迤东，专重英文及科学。光绪二十四年，又创立京师大学堂以孙家鼐为管学大臣，家兄竺山在其中充当两种助教，一是德文，一是体操（彼时尚无体育这个名词）。因其中除中国文一门外，所有正教习都是外国人，所以中国人只能当助教，彼时名曰副教习。因家兄偶有事，我还代理过他几天。光绪二十六年毁于拳匪，二十八年又立起来。管学大臣，就是张百熙了。这就是现在国立北京大学的前身。以后几经改变，才变成现在的局面。

　　到了民国成立以后，北平的各种文化教育机关更是陆续大量增设。这些年来，一直成为全国文化的中心。现在只能把其中最重要的图书馆，博物院和几所大学，分别略为述说。

国立北平图书馆

清末宣统元年，学部筹划设立京师图书馆，到了民国元年才正式开馆。十八年又与中华教育文化基金董事会所办的北海图书馆合并，就成为国立北平图书馆。二十年建筑完成的新馆舍，是在西安门内文津街，近邻北海公园，环境优美。全部建筑为宫殿式，上覆琉璃碧瓦，极为壮观。馆内藏书达一百一十余万册，不仅数量在全国图书馆内要首屈一指，其中精品更是美不胜数。我们现在只就该馆所藏善本图书、唐人写经、《四库全书》、工程模型、名人存书的情形，稍加说明，已经可以看出这个图书馆的价值了。

（一）善本图书。在清末京师图书馆筹设的时期，是先以翰林院、国子监、南学及内阁大库存书为基础。内阁大库的存书，可追溯到南宋时代。南宋历朝的藏书，在元兵入杭州时，运至大都，藏于内府。后明太祖灭元，命大将军徐达将大都藏书送至南京。明成祖又增购遗书，并移藏于北京。清初被收入内阁大库，历年虽然各有散失，但是宋、金、元、明、清各代的善本书和抄本还是不少。除此以外，该馆历年又常有购置，善本图书的收藏更为丰富了。

（二）唐人写经。光绪二十六年，甘肃敦煌千佛洞发现西夏时所藏的古代写本，包括经、史、释、道、摩尼教、祆教的古籍，以及历书、文牒、契约、簿录等凡二万余种。后为英、法、日人取去，并散失不少。到了宣统二年，甘藩何彦升将所余八千六百五十一种，运送北京，经学部发交京师图书馆存藏。其中以唐人所写经文为多，所以称为唐人写经。这是后来北平图书馆收藏的特品。

（三）《四库全书》。清乾隆时纂修的《四库全书》，共缮七部，分藏北京内府文渊阁、圆明园文源阁、奉天文溯阁、热河行宫文津阁、扬州文汇阁、镇江金山文宗阁、杭州文澜阁。后文源、文汇、文宗皆毁，所余以文津阁保存最为完整，于民国四年拨归京师图书馆。全书共计一百零八架，六千一百四十四函，三万六千三百本，缮写恭正，经、史、子、集卷帙以绿、红、蓝、灰四色区别。这也是该馆的重要宝藏。

（四）工程模型。明清在平建都，官家有大工程，都是先要绘图烫样，制成模型，然后开工。北平雷氏世掌其业，人呼为"样子雷家"。十九年北平图书馆购得雷氏旧藏建筑模型三十七箱，为圆明园、三海、普陀峪、陵工等。对于研究中国建筑艺术，甚有价值。

（五）名人存书。北平图书馆的建筑坚固，地位重要，所以常有名人学者愿将私有图书寄存该馆。例如梁任公去世时遗嘱，将生平所集图书四万余册、墨迹及未刊稿本、私人信札等，悉数永久寄存该馆。又如费培杰寄存所藏音乐书籍三百余册，乐谱六百余件；瞿兑之寄存藏书二万余册，与图多幅；丁绪贤寄存物理书籍九百余种：又格外增加了该馆收藏的内容。

此外，馆中所藏金石拓片、地方志书、西文整套专门杂志等，也都是极为可贵。

国立故宫博物院

北平建都数百年，历代皇宝文物聚集，精而且多。民国三年内政部将辽、热清行宫所藏珍品二十余万件，运至北平，成立北平古物陈列所，就清宫文华、太和、中和、保和各殿陈列，公开展览。十三年清废帝宣统移出紫禁城故宫，宫内历代宝物又收归国有，就成立了举世闻名的故宫博物院。到了民国三十五年，北平古物陈列所也并入故宫博物院。院中分为古物、图书、文献三馆，现在分别略述如后：

（一）古物馆。所管为磁铜玉器及金石书画。磁器有数十万件之多，历代名窑产品，应有尽有。铜器为散氏盘、新莽嘉量及著名商周彝鼎，就达数百件。玉器如宁寿宫的"寿山福海"及镂刻大禹治河图的"白玉山",乾清宫的大玉缸及玉马,皆为名贵巨品。其他小品,可以万计。书画大多存放斋宫及钟粹宫两处,共八千余件。其他散在各殿庭的还是很多。如王羲之《快雪时晴》,怀素《自叙》,过庭《书谱》,吴道子画像,宋徽宗《听琴图》,郎世宁《百骏图》等,都是希世的珍品。

(二)图书馆。所存书籍中有文渊阁的《四库全书》,及乾隆时代遗留的《天禄琳琅藏书》和《宛委别藏》等。此外散见于各宫殿的图书,数目也是很多,并且有些孤本和抄本。

(三)文献馆,清宫内所存清代历朝实录、圣训、起居注、朱批谕旨、留中奏摺、内务府档案、军机处档案等,共达千余架。舆图、画像及册宝各千余件。此外舆服、兵器、乐器、模型等,不计其数。所有这些物品,都是研究历史的重要资料。

当"九一八"日本侵略东北事变起时,故宫博物院的贵重珍品,曾有一部分南运,并又转运入川。抗战胜利后,运回南京。三十八年又运来台湾。

国立北京大学

以前曾经提到的京师大学堂,到了民国元年五月,就改为北京大学。自元年至五年，严复、何燏时、胡仁源等相继担任校长，时间都是很短。民国五年蔡元培接掌校务，尽力提倡学术研究，延揽新旧人才。在他任内，不但北大本身有了不少的发展，对于全国的思想界也发生很大的影响。当时的新文学运动、新文化运动，以及五四运动，可以说都是由北京大学领导起来的。

在抗战以前，该校内部有很长时期只设文、理、法三个学院。校址在城内景山东街、北河沿、操场大院一带。抗战胜利以后，扩充为文、理、法、工、农、医六个学院，各院并均设有研究所。校舍也分散到城内外二十余处。

国立北平师范大学

清末的京师大学堂在光绪二十八年附设一个师范馆，后来改为京师优级师范学堂。民国元年又改为北京高等师范学校，十二年改称师范大学。在高等师范时代，校中招生采取各省选送办法，所以北京高师的毕业生散布全国，在各省中等教育界很有影响。另外在光绪三十四年成立的京师女子师范学堂，民国八年改为北京女子高等师范，十五年改为女子师范大学，二十年并入北京师范大学，于是师大的范围格外扩大了。

师大内部分文、理、教育三个学院，并设教育、历史、博物、英文等研究所。还有两所附属中学和两所附属小学，办理成绩优良，在北平是很著名的。校舍分散在厂甸、石驸马大街、辟才胡同及手帕胡同等处。

国立清华大学

清华大学的前身为清华学校，是民国元年设立的。民国前四年，美国决定退还庚子赔款的一部分，借以增进中美两国的友好情谊。清廷政府指定这笔款项专用于教育事业，作为选送学生留美的费用，并且筹设一个预备学校，选定北京西部清华园作为校址，也就用"清华"作为校名。因为经费充足，所以校舍建筑如大礼堂、图书馆、科学馆、体育馆等，都是极其现代化。

十四年，清华学校改为国立清华大学。在十四年以前招收的学生，毕业后一律送往国外进修。改大学后，此种办法取消，所节省的经费，每年公开考试，选拔各大学优秀毕业生，资送出国留学。同时清华大学另创办国学研究所，聘梁启超、王国维、赵元任等任导师。虽然仅办三期，但是成绩卓著，为以后一个长时期国内各大学中国文学及史学教师的主要来源。梁启超、王国维去世后，导师难以为继，这个国学研究所就没能继续下去。所以此后清华大学虽然设有文、理、法、工四个学院，但还是以理、工见长。

私立燕京大学

　　燕京大学是由华北的四个英美教会所设立的五个学校合并而成。这五个学校就是汇文大学、汇文神学院、华北协和大学、华北协和女子大学及华北协和神学院。五校合并的计划，在民国五年到九年间逐渐实现，燕京大学的名称确定于民国八年。当时分男校和女校两部分，男校在东城盔甲厂，女校在东城佟府夹道。十五年，城外西郊海淀新校舍建筑落成，男女校同时迁入。海淀和西山、香山、玉泉山、万寿山、昆明湖诸胜迹均相距不远。校舍的建筑又能保持原有园林之一丘一壑，因地构厦，采取我国古代营造法式的美观，而充以现代的实用性。所以燕大校园的优美，其他大学很少能与比拟。

　　燕大设文、理、法三学院及各专科，其教学颇能应国家社会的需要而有创作性。如文学院的新闻系，法学院的社会学系,理学院的制革系,开设都是很早,造就了不少实用人才。

北平的文化教育机关,除去以上叙述到的以外,还有很多。高等教育机关如中国大学、辅仁大学、朝阳大学、协和医校等,规模都很宏大;中等教育和初等教育机关,为数更多;图书馆和其他社会教育机关,也不在少数。因为限于篇幅,不能一一加以述说了。

北平怀旧

炎夏苦忆旧京华

北平消夏的地方情形大致总是分为两种，甲种，是阔人文人游逛或燕会的地方，文人与阔人虽不见得长在一起，但消夏的地方总相去不远；乙种是民众游逛的地方。现由光绪中叶说起，因为以前的情形，只听见说过，没有亲眼看过，故只得从略了。

先说甲种。我所经过最早的，为广渠门十里铺有一庙，但我只后来去访过一次，已倾坏不堪。不过此处在几种记载中，如王渔洋《池北偶谈》等书亦经道过。后来便是广渠门外之架松，即肃王坟。广渠门内之夕照寺，中有某人在壁间所画之松树，极生动，极有名，但是谁画的，我一时忘记，好在此事知者极多，不必一定我多烦琐了。这两处，都是文人常常燕聚的地方，每到夏季，每天总有几拨人在此赋诗谈天，借消炎夏。此外又有广安门外庙中塔院，此处与白云观遥遥相望，且俯视大块农田，风景亦极佳，所谓"千穗谷花红醋醋，万竿梁叶碧油油"者是也，每到夏季游者亦很多。以上三处，在文人笔记诗集中，往往见到。后来这几处渐归冷落，大家多往陶然亭（江亭）、架槐两处。

架槐在江亭之北，不过半里余，每年夏季，都是文人诗酒流连之所，尤以陶然亭景致较佳。所谓"穿荻小车如泛艇，出林高阁当登山"二语，颇能画出该处之风景来。此两处早已出名，如《品花宝鉴》中，已曾提及，但光绪年间，最为发达，每到夏季，酒宴无虚日；尤其张文襄公之洞，最爱在架槐消夏。

以上这些地方，都是阔人文人消夏的地方，不但庙中的和尚势利眼，且路较远非自己有车不易前去。道路虽然不过几里，但乘骡车，连去带来回，总是一整天的工夫。再远则广安门外莲花池，相传为元朝廉公之万柳堂，在光绪年间，尚有池馆，今则几为废墟矣。再远则八里庄塔院。再远则所谓八大处、龙王堂、秘魔崖等等，但从前此为小八大处，不过大八大处的一处。老辈相传，真正八大处有西域、潭柘、戒台、碧云等寺。以上都是阔人每年消夏之所，去一次，就得两三天以上。再早则为丰台，如毛西河他们每艳称之。毛之妾，即丰台人。丰台之所以盛，乃由元朝传下来的，因彼处乃元朝大都之热闹处也，与所谓万柳堂者，相去不过半里余。在光绪年间，前去寻觅遗迹，似乎还可以见到池台的遗意，然亦不过仿佛似之，今则更不能见矣。再者从前什刹海，也是消夏之所，但只够堂官资格，如军机尚（书）侍（郎）等，方可去。"北门听雨"这四个字，在阔人笔记中，往往见到，所谓听雨者，乃雨打什刹海之荷叶声，确是别有声韵，翁文恭公同龢最爱此处。以上都是甲种，大多数的平民都去不起。

再说乙种，因平民多无车马，太远之处即不易去，故各城有各城消夏之所。例如内城，北城则多在后海，即什刹海之上游，从前颇热闹，各种笔记中，往往道及。高庙一处，也为文人宴聚之所。后光绪入承大统，旧府他人不许再住，醇王府即迁往后海之北岸，于是后海游人顿稀，乃移于德胜门内迤西，也还相当热闹。内城东城，则多往泡子河，在东城根，北头顶观象台，南头到城根铁闸。庚子印度兵进城，即由此闸进来的。在光绪年间，还有河的形式，夏季因雨水大，所以长流；两岸两行柳树，中间有吕祖堂一所，是最热闹的地方，东城居民多至此乘凉。因我们的同文馆在东城东堂子胡同，离此很近，所以也常去。如今吕祖祠还在，而河形则一些也看不见了。此外在朝阳门外，还有一消夏之所，曰芳草湖，旁有戏馆，曰芳草园。此处到夏天也极热闹，不但城里人去逛，只朝阳门外之人，已不在少数。因从前所有南粮官米，都在此卸船装车，运进各仓，管运管仓的人已经很多，而扛米的工人，约在几万以上。从前商家，有一个齐化门（元朝之名后改朝阳）可以跟前三门抗衡之语。京城亦有"东富西贵"之读，因所有仓库，都在东城，而西城则多王府，故云。城内东北角，有俄国教堂、俄国公墓，亦是左近居民消夏之所。外城，西城，则有黑窑台，俗名窑台，乃从前烧黑琉璃瓦之所，故名。后该窑移于京西房山县琉璃渠，此处遂废。然因地方宽阔，且接近南下洼水塘之岸，夏日雨多，一片芦苇，亦极清爽，实系一好乘凉之所；彼处有几处茶馆，每到夏季，各搭一大凉棚，于是人多到彼消夏，戏界人尤其多。因戏界人多，更能引人注意，所以每逢夏季，总是很热闹的。

东城，则有金鱼池，在天坛之北。夏季亦有搭凉棚之茶馆十几处，一面饮茶，一面看鱼，亦颇饶庄子濠上之乐，所以人争赴之。王渔洋诸公，都有关于此之记载。每到日落之后则争往天桥。彼时由天桥往南，一直到永定门，两旁坛墙之外，毫无建筑，不但无房屋，且不许搭棚，而两旁因当年筑坛墙用土，所以都极洼下，夏季雨多，则变成水塘。坛户私自栽种些荷花，以便出产点钱，因系犯法，不能多种，然总有芦苇，故亦颇饶景致。游人亦甚多，但白天无物遮阳，不能坐落，夕阳西下，则游人如织矣。

以上乃城内之消夏处。此外还有一极要紧之处，即是二闸。运河终点为朝阳门，由朝阳门往下，到东便门，为头道闸，即大通桥；此为第二道闸，简言之为二闸，离东便门有数里之遥。水平，河面亦相当宽，沿河芦苇柳树，荷塘鱼介很多，且有两处庙宇点缀其间，故景致亦颇潇洒雅静，每到夏季，游人极多。这个地方，倒是阔人穷人都可享受。由便门上船，每个人不过大个钱二三十枚，约合现大洋一角，船上且有唱曲说书之人；阔人则自包一船带家眷，或带妓女优伶者，每天必有若干起，至团体自包一船，则更方便了。到二闸，饮食亦很方便，有饭馆、茶馆、饭铺、饭摊、饭棚等等甚多。鸭翅席则可预定，或自带厨役均可。其余如瓜果糖果之类，也很多。亦有杂要，如说书、唱曲、戏法等等都很全，与宋朝张择端之《清明上河图》相去不远。每年夏季，为该地居民船户等等，一笔极大的收入。此处曾经繁华了几百年，例如《品花宝鉴》中，就很详细地描写过。到了光绪末年，官米由火车输运，粮船告废，此处顿归冷落，然因北京城内无船可乘，只此一条河有之，故每到夏季，还有许多人到此逛逛，第一目的，即是想享受一些坐船的风味。后北海开放，此处便无人问津了。以上乃民国以前，北平人之消夏处所也，如今可以说是都看不见了。

民国后，打破了封建制度，开辟了许多处，任人游览坐落，消夏之所为之一变。例如社稷坛（即公园）、太庙、三海、天桥、天坛、先农坛、什刹海、颐和园、玉泉山、香山等处，总算是给人民添了许多快乐游息的处所。这也可以算是所谓民国的精神。由开放到现在虽然不过几十年的时间，而其中变化，也不小，容在下边来分析着说他一说。

社稷坛，定名中山公园，此处开放最早，在北平的公共事业中，也办理得最好。当开放此处时，朱桂莘先生正长内部，开放时先组织了一个董事会，我也蒙约，每季出大洋五十元，便算董事。我因他故未参加，但也跟着开了两次会。我曾说过，开放此处，固然四季都可游览，但以夏天为最宜。五百多年的古松柏自然难得，但消夏必须有水。大家很以为然，乃利用织女桥之水，并挖了一大池，建一水榭，此为公园最大之工程。水榭自是极雅，但奇热，所以俗名曰开水榭，即沸水之义。因饭馆、茶馆之捐，及门票等等，收入很多，颇有积蓄，遂又建筑了两道长的游廊。我曾讥讽过他们，说你们脑子中，总是只有一个大观园，为什么一个很疏散潇洒的公园，添上这么两条廊子呢？他们说这也有个原故，因为某军已经开进北京，公园中有十几万的积蓄恐怕被他们提去，所以设法赶紧把他花掉，除其他工程用若干外又添建此廊。以后确也屡有进步，游人也一天比一天多，地点又在城之中心，来往也很方便，实为大众最好的消夏之所。日久了，所谓人以类聚，游人便分了派别，大致时髦的人物，都在卜士馨、春明馆一带，因此处有中餐、西餐、热食、冷食，都很齐全，所以顾客总是满的，星期日尤甚。有一个时期，妓女们也恒到此兜揽生意，此处因人多外号叫作"苍蝇纸"。一般官僚绅士派的，则都往来今雨轩;隐士艺术家，则往水榭对过之小岛，尤其书画家，都聚于此。一般规矩，钱少之人，则往北边河沿。后来护城河开放亦可游泳划船。有许多人终嫌公园喧嚣，于是才又开放了太庙。

太庙后亦称太庙公园，原属于故宫博物院，于公园之管理法，未能十分注意，且组织也不够完善，饮食等等，也不方便，所以游人总是不多。然地方确是清幽，故一般好静之人，多愿在此休息休息。尤其每日清早，有许多学生来此读书。

三海，按三海只可以说北海。因中南二海，虽然后来也曾开放，但其中有阔人居住，便禁人进入，如无阔人居住，才可任人游览，是恒开放但不开放，这是有知识的人最不满意的事情。所以虽偶开放，游人也不会多。说到北海那确是人民消夏的好地方，且是城内惟一可以乘船划船的处所，无论阔人穷人，都是可以享受的。阔人在仿膳斋、漪澜堂大吃大喝，中西冷热饮食，都是齐全的;打算盘的人，在漪澜堂五龙亭等处，喝点茶，吃些点心，也很方便。幽雅一点的人，往往自带冷食，在琼岛阴处大吃大嚼，也别饶风趣。不过后来也慢慢地不及开始的时候了，当最初开放的时候，一片净水，乘一小舟，容与其间，固然有趣，多人乘一大船，各处瞻眺，也更有味。后来许多地方，栽了稻子，许多地方种了荷花，只剩下由漪澜堂到五龙亭的一片水还可划船，往南到金鳌玉蝀桥之路，也就等于一条小巷，其余的地方，都可以算是禁止通行了。管理机关只贪图些微一点税收，闹的人不愉快，这真是大煞风景的事情。按湖沼有些荷花点缀，自然是非常之美观，在从前北方十二连桥赵北口等处，每到夏天，往往约定十位八位的好友，包一小船，棹到荷花荡中，备好鱼虾酒菜，临时现采莲蓬鲜藕，酒则注于一荷叶中，各人一荷梗吸饮之，边饮边谈，实在是一种极幽雅极潇洒的消夏聚会；在北海中，亦未尝不可照此行之；再按新的情形说法，情侣二人，划一小艇，到荷花深处，甜蜜的谈心，更是幽静的消夏办法。但以上办法在此都不适用，因为荷地旁边，这里牵着绳，那里栽着桩，这边写着"游船止棹"，那边写着"不许通行"，这岂不是大煞风景呢！北海的作用，以往不必说，到乾隆以后则只是看溜冰，至划船赛龙舟等游戏，则都在中海，因彼处海面直而长，划船的起点终点，都看得见，所以永在彼处。北海看溜冰也是一些掌故，因乾隆年间西北用兵，适有几人能溜冰，用以传递事情消息，比马快得多，因此得胜，皇帝遂注意此事，使各旗中几个部分，特添溜冰的练习，平时归各长官验试，每逢年终皇帝总要亲看一次，亦有奖赏，所以也算阅兵典礼，后来就废了。

　　天桥地方本是皇帝郊天躬耕御路必经的地方，绝不许有房屋，且与金鱼池一带，同一泉脉，水皮极浅，甬路两旁永远是水塘，也甚不宜于建筑。当初开放之时，原是为平民消夏之所，也是公园的性质，因社稷坛公园，进门须买票不够平民化，所以特辟此处；最初只不过街西几家茶馆，几处杂耍，后又添建饮馆戏馆，遂大热闹起来。街东专为指定倒垃圾之所。后乃完全建筑房屋，不要说乘凉消夏，连空气几乎都不通，幸又开放两坛可以救济救济。

两坛，天坛开放较晚；开放原义并非为消夏，不过因外国人到北平，都要看一看天坛，而本国人倒不许进去，未免不合，所以特为开放。因其中树木阴森，空气又好，许多人乐在树阴休憩，于是也开了几处茶馆冷饮室，但因去闹市稍远，走着去太热，雇车去合不来，所以穷人去的很少。先农坛，本就与南横街、虎坊桥等接近，又开了一个北门，可以说是直对着八大胡同，这都是容易繁华的条件。坛里又开了一个游艺园，其中虽然喧嚣，但有露天茶桌，夕阳西下，也很风凉。往南一片芦苇，再往南，松柏成林，也有几家茶馆，所以到此乘凉的人也很多，尤其天桥一带新建筑的居民，因房屋楼小，空气不佳，大多数都来坛中乘凉。这可以说北平贫民惟一的消夏处所。

什刹海，本是三海水源的上游，永远须洁净，所以从前不许在此坐落，以免污浊。民国后辟为夏令的市场，但因地方狭窄，只有海中间一条路；各种杂耍，小生意，饭食棚，布满路上，只中间可以走人，但亦异常拥挤，所以自爱之人，多不肯去。然确是左近居民消夏之处，因各种杂耍小戏，及食品等都比他处价值较低，且有许多完全旗人旧日的习惯及食品，例如莲子粥等，在他处便不能见到。

颐和园，乃往昔皇帝避暑之处，当然是消夏的好地方了。院落又多，湖面也很宽阔，大的宴会，很有几个地方，知心小酌，也有几个地方，寻诗觅句，也有几个地方，棋局谈心，也有几个地方；到了乘舟游逛，东南西岸以至山后，更有一天看不完的景致。自己有汽车的固然方便，乘坐公共汽车，也可随意，真可以说得上是上好的消夏之所。按此园本为乾隆年间所建，从前比现在还好，英法联军一火，遂颓废了几十年。洪秀全之战完毕后，西后又想乐和乐和，遂用建立海军之款的极大部分都修了此园。原本想修圆明园，因用款太多，方重建了此处；仍因款不够，故只修了前面；至后面则一工未动，故仍破烂不堪，然亦足供大家游逛了。

玉泉山，本为清内务府所管京西三山五园之一，建筑最早，大致自明朝即为皇帝避暑之处。到清朝，增建香山、圆明园、畅春园等处后，此处遂不为皇帝所重视，不过偶尔临幸而已，故一切宫殿均未增建。但他惟一的特长，为他园所不及者，即是有一大泉。此泉在明朝名曰丹棱沜。明清两朝皇帝，所饮之水，都是每日由此运进宫去，至宣统犹然，所以名曰御泉，通称玉泉。后来虽然开放，但游人并不多，一因他房屋少，只有几所旧殿座，并不凉爽，所以说是无处坐落，二因虽有几个池塘，但太小，不够小舟之划行；因水刚由山底流出，太凉，不能游泳，且此为惟一的饮水，亦不能弄得太脏。这可以说，虽有池塘而无用，凡去游者都是为饮此泉，阔者自带冷食，买壶茶围坐畅谈，下者则坐茶桌只喝碗茶，最打算盘者，喝一口刚出泉之凉水，也就算达到目的了。

香山，三面环山，中又多树，西北风不能侵入，冬天颇暖，本为皇帝避寒之处。故其中之宫殿，有几处如栖月崖、喋霜墀等，都是寒景的名字。据太监及内务府人相传，乾隆皇帝到此，总要吃烤羊肉。民国后，把开放，想着造成一个阔人的避暑山庄，虽然是起了一个时期的哄，可是总未发达起来。第一，较为齐全最好的一所双清，归熊希龄君独占；第二，所有各殿座，虽经租出，租用者当然都是一群有钱之人，而所建之房，都是非驴非马：住着舒适与否，不敢断定，但看着则没有一所顺眼。这也难怪，各殿宇虽然全毁，而殿座之基础则都还清清楚楚，在那儿摆着，照原基础建筑，用款自然太多；新的设计也不容易，有的盖了几间中不中西不西的所谓洋房，这样的房，看着先有一点别扭，原盖房之人住之尚无所谓，再想转租是不大容易的。

以上这些消夏的地方，都是我几十年来所经历过的，在这炎热的时间，偶然忆及，不禁神驰，这些地方，到目下不知还是能都存在否？但是就使他们都好好地存在，我远在台湾，也没有法子再享受去。

一年将尽夜　万里未归人

　　我想现在有这样感慨的，不只我一个人，不过我更厉害。因为我们家是一个大家庭，我们老哥儿仨，一个八十多岁，两个七十多岁，连子女二十余人，都在一块住。北方土话，叫作一个锅里搅马勺。外国人不相信这些人可以同居，所以常常有各国朋友到我家来参观。他们以为必有苦恼，我说惟独我们家，有快乐而无苦恼。因为下一辈的人，结了婚，女的固然是走了，男的也是愿离开就离开，愿回来就回来。几时也可在家中吃住，可是他们挣多少钱，家里也不要，所以毫无苦恼。每顿饭，总是三四桌，尤其过年，更热闹。因此现在更常常想到从前的过年。

　　按北平从前一年没有放假日子，尤其是官场，端午、中秋，工界或放，官商界则不放，惟独年节，则非放不可。官场则于腊月二十或二十一日，由监印官带领吏役，把印洗净，由堂官（尚书）包好，装入印匣，把他供于案上，燃好香烛，全体堂官，全部官员，行一跪三叩礼，毕，再把他加以封条，这名词叫作封印。从此便不办事。除强盗、放火、人命等重大案情外，虽管地面的官员，也不办公。各衙门及各省，都是如此。一直到次年，正月十九二十日开印，始才照常理事。开印的礼节，与封印一样。在这一个月中，年前是忙于预备，例如扫房。北平之屋内，是一年大扫除一次，名曰扫房，且必须拣黄道日，更非过二十三祭灶之后不可，以前不许扫房。

吃腊八粥，粥之熬法，至少须八样。此时粮店，一定卖粥米，配好八样，干果铺卖粥果，也是配好八样。买时，不必自己出主意，最省事。皇帝派王公，监督在雍和宫熬粥，用以在各庙上供，且分赐各大臣。贫苦家，亦须八样，或十六样，有钱者，往往用八八六十四样，且须吃八八六十四天。吃几天之后，冻好，晾干，每天煮饭，放入少许，六十四天吃完。并且说，虽腐败喽，吃了也不会有病。自然那一大锅饭中，放上一小块，再煮许久，虽坏，也不容易出毛病了。而大家则以为不出毛病，是用腊八粥的关系。吃完粥之后，接着擦洗供器，香炉换新灰，贴新灶王、换门神、贴对联，买过年应用的东西。此时大一点的学生，多要在街上摆一张桌，写春联售卖。北平从前有童谣曰："买春联，取吉利，万年红（纸名），好香墨。铺眼联（商家），现嵌字。一百钱，一付对。买横批，饶福字"（小人臣辙）等等这些话，北京除贴春联外，还要换门封，贴门封吉条。

换门封者，凡是官宦人家，影壁上都有木架，中糊红纸，把所有主人的官衔，都写在上面，一种官衔一条；先人的，也可以写，不过顶上须加原任二字，有把明朝先人的官衔，也写上的。这种一年一换，所谓门封吉条者，是凡在衙门当差之人，无论大小，均发给印好之封条，白纸墨字，上写"奉某部某衙门谕，禁止喧哗"等字样；此条长丈余宽尺余贴于门口两边。又有四块，约一尺五寸到二尺见方，亦白纸墨字，上写"禁止喧哗，勿许作践，如敢故违，定行送究"等字样。御史之门口则多四块，上写"文武官员，私宅免见，一应公文，衙门投递"等字样，虽都是白纸黑字，贴于门口，不但不嫌不吉利，且极以为光荣。

买年画，年画大约都是吉利画，美人、戏剧的等等，吆喝得极好听，都是七字句四句，我记的很多。例如画的黄鹤楼，他便吆喝："刘备过江发了愁，抬头看见黄鹤楼，黄鹤楼上摆酒宴，周瑜问他要荆州。"比如画的农家秋忙，他便喊："庄稼忙，庄稼忙，庄稼才是头一行，老天岁岁如人愿，柴满场来谷满仓。"比方画的胖娃娃，他便唱："这个娃娃胖搭搭，大娘抱着二娘夸。姥姥家蒸的肉馒头，吃着一个抱着仨。"比方画的美人，他便唱："美人好似一枝花，买回家去当成家（结婚），小两口儿睡了觉，爱干什么干什么。"如此种种，我曾抄录几万首，有吉利性的，有箴规性的，有诙谐性的，也很可观。家家都要贴几张，有的贴满墙壁。所以北京竹枝词，有"臭虫一见心欢喜，又给来年搭了窝"之句。

买够年货，就该买吃食了。这是最重要的一件。因为正月十六日以前，铺子都关门，什么也买不到。在初六以前，连油醋花炮都买不到（临时小摊不算）。我曾见过一个小姑娘，正月初一，出来买醋，买不到，立在铺子门前，哭得可怜，我把他叫到我家，把我家的醋，给了他一碗，请看有多严重。所以各家，都得预备够半个月吃的东西才成，这叫作预备年菜。年菜这个名词，很普通，乡间都讲包饺子，北京则讲做年菜。年菜的做法，大多数与平常不同。平常之菜，现做现吃，一凉就不能吃，再一热，便走了味。年菜则做好之后，现吃现蒸，不会走味，因为都是特别做法。他为什么要这个样子呢？因为北京风俗，新正初五以前，不许动刀，灯节以前，都要放假，玩玩逛逛，无暇做菜。所以必须如此。富家总要预备几十桌，当然自己有厨役，贫家也要巴结着做几样，中等以上人家则多是现找厨役，至少也要做七八桌，多至一二十桌。北京单有厨行，平常无事，专揽婚丧寿事的大买卖；应好大生意几百桌，几千桌都可。他再约人，几十个几百个厨师，随时可以约到。至于碗碟杯筷，以至厨房应用家具，都有专门铺子出买。这些厨师，每逢过年，都是专给人家做年菜，盘碗由他赁来，过年用完再还。至晚除夕，所有菜都须做好，正月间，有客来，蒸一蒸就吃，很方便。所以北京从前有请吃年菜之举。

一切预备齐整，到除夕，家家悬灯结彩，祭祖，祭神，吃喝欢乐，这是各处相同的，不必多谈。北京商家，亦有特别的举动，家家除夕，多燃灯烛外，门口都要立上三根竹杆，悬挂一挂百子旺鞭，大铺子鞭炮长则用杉高，两旁架一对写本字号大纱灯，此亦名曰官衔灯。在从前没电灯时，此极壮观。所以从前北京人都说，除夕最像过年的景致，就是各铺门口之灯笼、鞭炮，这话也实在不错。才把一年之账目结束完毕，即放鞭祭神。铺子中祭神，有三种：一财神，二关公，三灶王。祭财神，当然是为发财；祭关公，是因为他义气，希望保佑同人，永远和美，如桃园之结义，意至善也；灶王，与住户人家不同，只有灶王，没有灶王奶奶。他们说一群男子，供一位奶奶，有些不便，所以北京有一句歇后语，曰："铺眼里的灶王，独座。"祭完神，即睡，初一日大致多不起来，只派学徒到左近各街坊，投一字号片拜年便妥。住户人家，自元旦起，都要拜年。尤其官员，到堂官家中拜年，必须在除夕，此名曰辞岁。因为堂官家中，在初一就不收名片了。

拜年一事，在北京相当苦，而也有趣。尤其大宅门，来往多，拜年更费事。堂官本人除最重要的几家外，当然都不用自己走，都是用子侄亲戚替代。较亲近的用子侄，其余泛泛的，就用亲戚。这种人，平常每月也拿薪金，可以算是雇用员，俗名曰"车楦"。此二字，在从前是极普通的名词。大宅门，家家要聘或雇这样的一二人。因为阔人应酬多，生日、满月、婚丧等事，饭局（北京有人请吃饭，曰有一个饭局），聚会，不能不到，本人又没有工夫都到，所以必有人代表。这种人，若用外人则不合适，必须用本家或至亲到场时，该叫老伯姻兄等等，都可直呼，显然是本主的子弟。若用外人，则不能如此。倘遇自己家中有婚丧事之谢客，或拜年，都是遣人投一名片便妥。因为这路事，不许请：因为请进去，他除了叩头道谢外无他事。所以除非至亲至友外，绝对不许请。倘要请人下车，那是人家要挑眼的。拜年到门口由跟班或车夫，递一名片喊声"请安道新喜"，门口人接过名片，高举，喊声"挡驾不敢当"，便算礼成。车中人绝对不下车，但车也不能空着，必须有一人在内，此人便名曰车楦，意思是把车楦满不空就是了。倘本家没车，或车不够用，可以现雇车，讲妥价钱之后，附加条件。第一，车夫须戴官帽，加钱一吊，平时把官帽放在喂骡子的车筐箩里头，讲好价，便戴上，这便像自己家里的车，不像雇的。第二，车夫须代递名片，也加钱一吊。这个名词，叫作"戴官帽递片子"，因为虽不用进门，但自己递名片，总要下车，不但白费事，而且失官体，所以由车夫递片。照样喊一声"请安道新喜"，便算完事，又省事又体面，才多花两吊钱，约合现大洋一角。大宅门应酬多，由几个车楦分路去拜，往往拜到正月过二十日才完，因为骡车慢而路不好也。

再说到家庭之乐，正月不禁赌，家家多耍钱，不过高尚商号多不许，总是大家打锣鼓，从前很风行。高尚人家，像斗牌，掷骰，打天九，推牌九等等，也不许，大约多是掷升官图，或状元筹等等。旧升官图，种类也很多，我收藏的有十几种。我友人傅君，藏有三十几种。状元筹之类，玩意也很多。有围筹、渔筹。一是打围，都是兽类。一是得鱼，是鱼类。我每种都收得一份，但不好。我给梅兰芳每种买过一份，那是真好。围筹又分三种，一是鸟兽合打，一是兽类，一光是鸟类。此外尚有战筹，我只见过几张，未见过全份。闻尚有山岳筹、江河筹，惜未见过，不知如何组织法。现在回头一想，正月里全家子女，再加上亲眷，吃吃玩玩多么快乐。不但吃玩快乐，就是年前之各种忙碌，也是极有趣味的。

按北京新年，游会最晚，是二月二日天坛东边之太阳宫。据老辈的记载，说太阳宫并非为祭太阳，因明崇祯皇帝之生日，是二月二日，所以遗老旧臣，都于此日，假借祭太阳，而祭崇祯皇帝，以免清朝干涉，才建筑了这个庙。我们明年此日，是不能祭太阳了，盼望后年去祭一祭，大概是有望的，但又须再来一个"双鬟明朝又一年"了，噫。

欣逢春节话故都

"故都"和"春节"，这两个名词，本是相等。按说这两件事情，都是不应该系恋的。

但是关于系恋的事情，也有两种说法。若按保存文化美术，及研究学问，推行教育等等，恐怕还是以北平为最为重要。因为南京，在南朝宋、齐、梁、陈时代，固然曾有相当的文化，但以后几百年间，未做都城，于是一切文化，都衰败得等于零了；经明太祖稍一扶植，虽然渐有起色，但一经燕王破坏，再经清初及洪秀全之焚毁，更是一败涂地，虽经曾文正公等极力设法恢复，但总未能达到目的。国民政府建都南京，眼看蒸蒸日上，又被日本毁了个稀溜花啦。是南京几几乎没什么文化可言了。北平虽然也毁了不少，但因为他做了六七百年的都城，又经宣德、康熙、乾隆等皇帝的提倡，吸收了许多各处的文化，大家是知道的，即小小的美术工艺等等，由各省物色来的，也是很多。

兹随便说一些，例如：

装璜裱褙：是由江苏去的，所以至今仍名苏裱，但比江苏裱的好得多，裱旧字画，任凭破碎到零块，他都能裱。

抄纸：南城白纸坊，最初是由宣州传去的，从前北方无白纸。

铜器：是由云南、湖北传去的，但已比原处做的好。

锡器：是广西传去的，至今仍曰广锡店。

绣货：是由广东（曰广绣）、江苏（曰苏绣）、湖南（曰湘绣）传去的，这三种北平皆有之，以康熙，乾隆两朝最盛。

玉器：是由云南、和阗传去的，但比原处的手艺，就好多了。

古铜：是由河南传去的，他们保存古铜器的款式很多，至今你想仿制哪一朝的铜器，他都可仿制。我对这一行人最恭维，所以同他们很熟。有些人说，他们专作伪，但这种作伪，也很有价值。按收藏古玩说，这种赝品自是一文钱不值，但若只按研究学术的，于古人的物器，只能知其款式，也就够了，何必非真的不可？再说讲历史的穷念书的，哪里有钱买真的呢！

地毯：是由甘肃、宁夏等处传去的。

砚工：是由端、歙两处传去的，而款式雅致，早就胜于原处了。

象牙鳅角等工：是由广东传去的。

雕刻：这行名曰"小器作"，专造各种瓶炉座、碗碟架等等，雕镂精绝，意匠亦优。当年乃是由江苏传去的，目下江苏手艺差多了。

髹漆：是由福建传去的。

这种情形，书不胜书，尤其前清内务府附设的造办处中的工艺，还有几种外面没有的。总之，全国出类拔萃的美术工艺，北平都有。

再说历法：新历，又名曰阳历。旧历，又名曰阴历，因为他兼管月圆，每月十五日，必须圆一次，所以才叫阴历。有人说阴历有关农业，所以又名农历，是万万不能废的，因为废了阴历，农业就没办法了。现在各报上，也都写为农历。其实这是最没有考究，最不通的一种说法。为什么要说这样武断的话呢？因为千余年以来，国家、社会无论何事，都是遵用阴历，惟独农事一门，是遵照阳历，而不管阴历的。这种事情，由农人的谚语最能证明，他们的谚语，永远是说阳历，而不说阴历，阳历是什么呢？就是二十四节：所以由今年立春，到次年立春，永远是三百六十五天五点钟四十七分四十八秒（大致是此数，记不十分清了），与阳历一样。所以从前钦天监的谚语，有一句曰："今岁要知来年春，只多五日仨时辰。"意是三百六十天之外，又多五日仨时辰，因中国旧语，总是说一年三百六十天，故钦天监如此说法。

兹再谈谈农家谚语。这种谚语，全国南北当然是各有不同，现只说河北省的谚语：

> 清明高粱谷雨谷，立夏芝麻小满黍。意思是到了清明节，就可以种高粱了，谷雨谷等意同。
>
> 小满三天见麦芒，芒种三天见麦碴。意是麦子到小满节就秀，芒种节就该割了。
>
> 九九种蒜，立夏分瓣。意是立夏节，就可分开瓣了。
>
> 去暑找黍，白露割谷。意是去暑节即割黍，白露节谷即熟也。
>
> 白露早，寒露迟，秋分麦子正当时。此言种麦子之时也。
>
> 小雪不耕地，大雪不行船。或云小雪封地，大雪封河。
>
> 立秋十八天，寸草皆秀。
>
> ……

这种谚语，在台湾，一定也很多，书不胜书，都是说节气，而不说月份，因为倘赶上一个闰月，则今年之二月，比去年之二月，可以差一个月，农家是没法子凭借的。总之，是凡朝廷或家庭，祭祀、庆祝、吃喝、婚乐等等的礼节，都是按阴历，惟独农事，是照阳历，不信请看，一年节日都是如此。例如：正初一、正月十五、二月二、三月三、四月十八、五月五、六月六、七月七、七月十五、八月十五、九月九、十月初一、腊八、二十三等日，都是节日。如此说来，这个旧历年，是更不应该存在的了，但也不然；若说他是旧历的年，那是绝对不可以的；若说他是一个节，还没什么不可以？因为这个节字，并没什么神秘的意思，不过只是如同竹竿一节一节的分开，就是把一年，分了多少节，这不过是春天的一节就是了。

而这个日期，又是若干年全国人民，由祖上传留下来的一个纪念日，一时是不会忘了的。这让他们祭祀庆祝一次，吃喝娱乐两天，于国历也没有什么妨害；于国体也没有什么伤损。古人的文章诗词中，凡一家团圆，都是极满意而愉快，不能团圆便是伤离感慨。平时是已经如此，但感想尚轻，每到节日更甚，所谓"每逢佳节倍思亲"者是也。平常过节，还容易过去，惟独年节，倘除夕前赶不到家，便异常悲痛；除夕能到家，便异常愉快。这样的感想，早已深深的印入每一个人脑海中。我在民国初这几年，禁止家人过旧历年，家人尚可，惟独下人女仆等等，觉得非常委屈，他们背地里说："你们怎么过新年，我也看着他不像个年。"他们这种思想，一时是不容易改正过来的。

我到民国以来，对于旧历年，确很漠视；可是到了台湾之后，每逢春节，则不禁有许多感念。不过我这种感念，是又有一种转念，是怎么一种转念呢？我在台湾过年，当然要想起大陆上的亲戚、朋友、同乡、本家的许多人来。但是再一想，这些人中，大多数不会想我：他们想我的时候，一定是春节，因为多含旧思想的老人及没受过教育的一般人，他们是注重春节的；如此，是我想他们的时间，他们不会想我，他们想我的时间，我不会想他们——连彼此想念的时间，都搞不到一块，这与古人所谓"相隔万里共此明月"思想，大相违背；这个俗名叫作单相思，剧中《打樱桃》有两句话，曰："我想平儿，平儿不想我。"未免白想。按情形，光靠想念，是于他们毫无补益的，不过在一个时间，彼此互相想想，也希望冥冥中有个心心相印就是了，这是我对于春节，有点系恋的一种情绪！

古来相传，人类不是好名，就是好利。用名利二字，就可以包括全数的人类。所以诗中有"借问路旁名利客"等等这些句子。其实是为利的人，诚然很多，而为名的人则较少；多数好名者，只有文人或官员等等，像工、农、商各界就少得多了！所以又有"三代以下惟恐不好名"等等的这些话。那么，国民都是好什么呢？国民所好，是非常正当的，他们所希望的，第一是幸福，当然包括健康长寿在内；第二是发财，这也是几千年来传统的思想。如经书中所谓九五福，一曰寿，二曰富，等等，这样的话很多，不必多写。这种思想，从前过春节，最足以表现。

所以从前元旦，便有些歌谣，许多人都是夜间一睁眼，不说一句别的话，便先念此种歌，尤其是老太太们，更是如此。这种歌谣很多，兹写几条在下面，便可以知道国民普通的思想了。

起五更，拍炕头，银子钱，往家流。（亦有地方说二月二的）

起五更，拍炕帮，银子钱，往家装。（二月二日亦说此）

起五更，摸席缘，有的是银子钱。

起五更，摸水瓮，喝凉水，不生病。

起五更，摸摸锅，吃饱饭，子孙多。

元旦书红，百事亨通。（此文人所为）

元旦书春，诸事遂心。

子孙逢吉，五福临门。

这样句子，书不胜书，请看他们的希望，都是幸福钱财，而尤注重元旦，夜间起来不说别的话，光说这个；拿起笔来，不写别的，先写这个，几乎等于佛教之净口咒。不但此，就是拜年见面，也必要说，见面发财，一顺百顺，等等的话。这是关于语言的。

还有关于行动的，例如初一日，天不亮，便要跑到前门，摸一摸前门的钉子。这种门钉，本来很圆很高，所以摩挲的相当滑亮，相传摸此，可以一年不生病。摸完之后，步行到天桥，要在桥走两趟，这叫"走百病"。以上两趟，很见过几种记载。因为摸门钉不得病，所以各饭馆，都预备门钉，他的"门钉"是什么呢？就是豆沙馒头，形式与门钉相同；他为什么要如此做法呢？因为有许多人，无暇去前门，尤其是妇人，更不能去，饭馆子预备此种馒头，使顾客人人可以摸到，就等于摸到真的门钉，取个吉利。所以有许多老太太，遇有子弟去吃饭馆，总要嘱咐买几个"门钉"来，大家一吃，每人一个，连吃带摸，也算吉利。也有人不吃饭馆，专买些豆沙包子回去，博老太太喜欢的。所以从前各饭馆，在正月初六开市以后，此种馒头，是很大的一批生意。光绪庚子后，这种风俗，日见衰减，大家不但不这样做，连知道这层的，都不多了。然而如泰丰楼等饭馆，至今对豆沙馒头，仍叫"门钉"。不过是怎么回事，他也不知道了。再者，朝阳门外，有一座东岳庙，是明朝的建筑，神像乃明朝大名鼎鼎的塑像师刘兰所塑，故极有名，因之人亦以为极有灵应。每年由元旦起，关庙半月，所以每逢元旦，成千成万的男男女女，于天未亮，便都赶去烧香，无非是求福求寿。彼时有关于此事的歌谣，兹只录一首：

　　　　大年初一庙门开，善男信女走进来，叩头并无别的愿，不生疾病不生灾。

　　该庙中，有两处神位，使我极为注意：一是庙后院，屋内有一铜铸骡子；一是月下老人庙。我为什么特别注意这两处呢？这个铜骡子，铸工很精，高与人齐。相传凡有病之人，自己何处有病，便用手摩摩骡子的该处，便可得愈；倘没有病，则摩什么地方，则自己什么地方便不会生病，尤以元旦摩为最灵，于是摩的眼、耳、鼻、口等处，都极为光亮，且时时刻刻总有许多人抚摩，挤都挤不上去。头部光亮，是看得见有人来摩，而生殖器部分，也异常光亮，但是永远未见到有人摩挲，于是引起我年轻好事的心情：一次元旦，天未亮，我就跑去等着看，立了几个钟头，结果也未看到一人去摩。有人说，是庙中的老道摩的，但他们也不会有这许多人；这当然是患花柳病的人所为，可是始终不知他们是什么时候摩的。问庙中老道，他也说不知，并且说，他既背别人，当然也要背老道了，此事至今是一个疑问。

再说月下老人庙。柱有一付对联，是"愿天下有情人都成眷属，是前生注定事莫错因缘"。上联乃《续西厢》中语，下联是《琵琶记》中语，对仗之工，可谓巧不可阶，真是古人所说，"文章本天成，妙手偶得之"了。因有此联，所以此庙，也极有名，因之大家也就以为神极灵，元旦这天，香灰总是落得满地成堆。我也常去调查，看看有青年男女烧香的没有，结果大多数，都是老太太们，大概都是为儿女求婚姻，绝对没有青年男子；有时倒是有姑娘，可是也都是由母亲领去，逼他叩头，他不肯，往往同母亲吵起来，结果姑娘自己先走了；也有姑娘叩头的，这大概母亲不告诉他，这是什么神，只命他叩头，他也就叩了。当时遇见这种情形，真是看着好笑。我为什么要写这些闲篇呢？一则因为他是每年元旦的风光；二则足见花柳病多，而不肯告人的坏处；三则老年人为儿女求幸福，心情之热烈；四则叹从前风气之不开。以上乃初一求幸福的种种情形，下边再说求发财的事情。

初二日，广安门（俗称彰仪门）外财神庙开门，这是北平最出名的一件事情。烧香人的拥挤，比任何庙会都多得多：一因别的庙中烧香的人，大概只是住户人家，此则有许多商家，也要前去；二因别的庙，都整天可烧，此则只讲一早。

许多人的思想，是晚一点烧香，就没有用了似的，所以每逢初二日，多数是夜里两三点钟就起来，由珠市口出广安门到庙中，这样远的大街，都是挤满了的车辆。从前在行的人，都是在该庙中买香，外行的也有许多自己带香去的。这也有个分别，因为财神庙的香炉虽大，可也容不下这些香，所以烧香的人，把香插在香炉内，即刻就有人把他夹出，掷在下边大香池中，随插随夹。有许多人特别嘱咐夹香人，说晚点夹我们的香，让他多烧一会，但是夹香的人有偏心，你若买他们庙里的香，他就夹得慢一点，若是外边买的，他就夹得快一点，所以有许多善男信女，都要在庙中买香，这是庙中很大的一笔收入。此外就是卖纸元宝，由纸铺中定做成千成万的元宝，运到庙中，供于庙前，烧香人多都数买一个回去，但此不名曰买，只是"给香钱若干"，便由庙中赠送一个，这可比外边买贵得多，所以民间对此，也有些歌谣，兹只录一首。

只为人人想发财，山堆元宝笑开怀；刚从纸店
运出去，又被财迷取进来。

以上是从前北平人于初一、初二两天所做的事情，一是求福，二是求财，自于一年开始的两天，必要做到的。而大

家的心理，总是如此，恐怕全国人也都是如此。至于求得来，求不来，那另是一种说法。但是多数人，倘能于初一、二两天，把这两件事情做到，不问身体多累，而心里头，总是愉快的。

饺子

从前过旧历年，北方家家必要包饺子吃，这是几乎全国皆知的。几十年来我搜罗到北方各处关于饺子的谚语民谣等等，有五百多条，可惜我所记录的那一本册子，没有带出，兹就记忆所及，写出几条来：

好吃不过饺子，自在不过倒着。（按："倒"上声，睡卧也）

饺子两头尖，吃了便成仙。

白面为皮肉做馅，给个神仙他不换。

头伏饺子二伏面，三伏烙饼炒鸡蛋。

钱在包，要吃饺子就烧刀。

白面为皮肉为馅，胜他玉液金波宴。

小孩听说是好的，姥姥给你包饺子。
吃一碗，盛一碗，他做神仙我不管。（按：听说
即听话）

小小子，是好宝，给他包顿白肉饺。
吃一口，香一口，乐的小孩乍沙手，也不淘气
也不扭。

老天爷，你别旱，麦子收他一两石。（按："石"
音"旦"或书"担"字）
天天给你饺子吃，牛羊猪肉麦子面。

老天爷，下大雨，收了麦子给你包饺子。
你吃瓢，我吃皮，剩下麸子喂小驴。

灶爷上天说好的，给你包顿肉饺子。
先吃饺子后吃糖，嘻嘻哈哈见玉皇。

没牙的俩老的，给他包顿肉饺子。

街坊见我能行孝；说我是个好媳妇。

当家的着我去挑水，我是折了担仗顿喽筲；

当家着我去倒粪，我是破喽木锨钝喽镐；

当家着我去铡草，我是铡块木头崩喽刀；

有人问我因何故，头伏包饺我没摸着处。

（按：此系小曲）

银子拿到手，肉煮饽饽不离口。

　姐儿你是吃煮饽饽呀，你是穿裤子？（这是形
容旗人之爱吃煮饽饽，他以为比自己女儿穿裤子还
要紧，固然不见得有此事，但这种话是常听到的）

以上几条为北平俗谚，不必多写，请看上边这几条，就
可以知道当地人自己爱吃还不算外，他们哄小孙也用他，孝
公婆也用他，对付灶王也用他，供奉上天也用他，甚至工人
要挟主人也用他；最有趣的是，虽女孩子没有裤子穿，也还
要吃他，可见饺子对人的魔力了。饺子既有如此魔力，所以
过年就非吃几顿不可，倘若饺子吃得好，则他们不但以为这

一天没有白过，甚至连这一年的工夫也没有白过；倘若吃不到饺子，不但这一天难过，简直是终身之憾，一生不会忘掉的。

　　吾乡从前元旦，必须到各家去拜年，拜年的方式，总是成群结队，大致自己近支有服的几家，都约会一起去拜年。一次，我们有三十几个人，到了一个姓王的人家，主人是老者，他出来招呼我们，大家见他脸上有泪痕，于是问他有什么事，于此一问，他越发哭起来。他说："咳，因为小孩们的原故！我是一年三百六十天喝粥，过年也吃不起饺子，只好把粥熬稠一些，小孩们大乐，说今天粥米多！我说：别人家都吃饺子，你们吃不到，只把粥熬稠一些，你们就这样喜欢！我说完了这句话，自己觉着对不起孩子们，忍不住就哭了。"他说完这话，大家都表同情。于是有十几个人，不再拜年，各自回家去了，不约而同地给他送去许多白面肉菜等等，大家要帮着他包饺子。他一看又大哭起来，大家说，赶快给小孩包饺子罢，不必伤心了。他说："我这次哭，跟刚才不同，我这哭比乐还高兴呢。我常想，我没有做过伤天害理的事情，没有对不起老天爷的去处，怎么大年初一，连顿饺子也不赏吃呢？就是一样，可就真对不住灶王爷了，一年价，跟着我受苦受饿，这次包喽饺子，得先敬他老人家一碗！"

　　请看这一件小事，就知道人民对于饺子的思想之严重了。所以每年至少也要吃一顿。平常人家过年，吃六天，即元旦三天，元宵节三天，最多的吃十六天，共三十二顿，这是别的地方的人想不到的；北平也讲吃饺子，惟最多者吃六天。皇帝在元旦，也必须吃饺子！饺子之中，一定有一个里头包着一个小金饼（民间则包一文钱，后来包一角钱，谁吃得谁有福），上镌"万寿无疆，天子万年"字样。要看皇帝吃第几个时才吃到，但总是第一个就吃到，于是太监、宫女等，都叩头庆祝。他为什么第一个就可以吃到呢？因为这一枚饺子，永远放在碗面之中间。故宫中从前元旦有四句歌：

> 风从艮地起，主人寿年丰。独得无疆寿，谷花满地红。

这四句歌怎么讲法呢？从前每年元旦，钦天监必上一奏摺，这个摺的词句，必定是：今晨子时，风是从艮地起的，主着人寿年丰。皇帝元旦看奏摺，第一件，必是这个摺子，所以有前二语。

第三句，是前述吃饺子的情形。再者，皇帝起床盥洗之后，必是正值宫女等掷围筹，其情形与状元筹相同。不过，状元筹是以状元为首，其次就是榜眼、探花、进士、举人、秀才等等；围筹则以麒麟或龙为首，其余就是百鸟百兽。民间亦有此戏，但以旗门中较多。皇上见宫女做此戏，必要抓起骰子，也掷一次。此戏以红为贵，红即是四，皇帝所掷，一定是六个四，名曰满堂红，亦曰满地红，此第四句之所由来也。他为什么能够准掷六个四呢？因为永远暗中预备一付骰子，六面都是四，所以有此把握。

以上乃北方吃饺子之大概情形，至于他为什么要吃饺子，这也有他的原因。要想解馋或请客，必须要多做几样菜，但是若烧煤炭，或小炉子，做菜可以方便，而北方乡间都是用大锅，每锅往往可容二百斤水，小者亦几十斤，用这个锅，就烧这个锅，做菜当然极不方便，这才创出吃饺子的办法来：把肉菜和到一处，用面包裹之后，几时吃，几时煮，甚为方便，于是便风行开了。这种吃法，不知始自何年，然唐朝段成式食品中所说的汤中牢丸，大致即此。而饺子的种类，也多得很。先说饺子皮，北京所用者，只是麦子面一种，而乡间所常用者，则为麦子面、高粱面、荞麦面、绿豆面，其余各种粮食之面，差不多都可以用。说到他的馅，那就更多了，我所吃过的总有一百多种。北平最讲究的，为鸡肉馅、火腿馅、蟹肉馅、三鲜馅等等，都是大家知道的。此外尚有三白馅，即是用烤猪肉之肥者，加白口蘑丁、冬笋丁，因为都是白色，故名。从前西单牌楼有一饺子铺，名曰"耳朵眼"，后移至煤市街，他有一种口蘑馅滋味也美得很。乡间则不外牛羊猪肉三种。至于水菜，则没有一种不可做馅的；又有鲜菜干菜之分，比如白菜、茴香、茄子等等，鲜着吃固好，晒干以后，则另有一种风味。前边说一百多种，听者或以为太夸，其实不然，不但某一种菜可以为馅，彼此混和，则又另有其味，如再外加粉坨、豆腐、干粉、蘑菇等等，则味道又不同了。不过菜类之中，有宜于猪肉的，有宜于牛羊肉的，惟白菜、韭菜两种，则各肉皆宜。再者，同是一样东西，做法不同，则味亦各异，兹随便举出几种如下：

同是羊肉白菜馅，若把他通统剁烂拌好，自然也很好吃，但若只切不剁，羊肉切细丁，白菜也切细丁，晾微干而不挤。如此和好，其味尤觉清香。

同是猪肉韭菜馅，若把肉剁碎，先炒熟，再加冬天河间府一带所用之野鸡脖韭菜，其味更美。

同是猪肉茄子馅，先把猪肉白煮熟切丁，再把茄子切丁，入沸油一炸，两种和好，其味更佳。

总之，馅的拌法太多，非有专书，不能说尽。现在想起从前在家乡过年之享受来，不但家乡之饺子吃不到，一切一切的事情，都看不到了。但是，我们不在家乡，而在此地，还可以吃得到饺子，所差者不是家乡风味就是了，而饺子则如故，且仍随意自制。

元宵花市灯如昼

过了旧年，一晃又到元宵节了。这些年来，国人谈话或写文章，关于节日，多注重元旦、端阳、中秋这三个节日；对于元宵，则较为轻视。其实千余年以来，中国最大的节日，乃是元宵。这话诸君乍听，或者不以为然，容鄙人解释解释，便知不是胡说了。

国人过节，都是做什么呢？不过是祭祀、庆贺、吃喝、玩乐四件事情。请看元旦这一天，祭祀、庆贺、吃喝，三件事情都是有的，可是玩乐就差了。因为年前便忙，一直到除夕，更是紧张，已经忙了十几天了，到元旦祭祀庆贺，是忙得个不亦乐乎，不用说玩乐，连吃喝都稍差。所以千余年来，在元旦并没什么娱乐的组织，就是皇帝，也没什么娱乐的举动，大概也是因为只祭祀各处，已经就忙得不得了了。

端阳，这天祭祀庆贺，虽然也有举行的，但很轻微，吃喝亦很简单，娱乐一层，南方尚有斗龙舟之戏，北方则绝少。

中秋，这天祭祀很简单，庆贺、吃喝两种，相当可观，所谓瓜果盈庭；至于娱乐则很简略，且此节不过一晚，故亦不能有多少玩乐的事情。其余如二月二日、三月三日、六月六日、七月七日、中元节、九月九日、十月一日、腊八日、祭灶日，都是节日，但过的情形更简单。

元宵节则热闹得多，一切规模都大得多，先说祭祀。其他节日，祭祀都是一种意义，惟独元宵是两种意义，一是此夜乃是一年之中的第一次圆月，所以名曰元宵，当然要祭月神，这是关于祭月的，与过年无干；二是送神，从前旧历年的礼节，除夕是迎神，意思是把祖宗及各神位迎到家来，既迎回家来，当然要祭祀，以便祖宗神位享受，元宵为送神，意思是祖宗神位，在家中停留了半个月，与家人盘桓够了，送他们各归原位，这是关于过年的礼节，与月圆无干。庆贺，在中秋大家固然有彼此拜节的礼节，对于月，则只有玩月赏月；在元宵，则加一庆字，所谓庆赏元宵。至庆贺的方式，参看后边的玩乐。吃喝，国人过节，都讲吃喝，然能大排筵宴者，以元旦为最，中秋次之，其余更次之；可与元旦相比者，只有元宵。历朝宫廷，也是如此，并除大宴外，夜间还要特别吃元宵。按元宵，亦唐朝段成式所谓汤中牢丸之一。制法，南方与北方不同，南方多包成，北方则都是摇成，没有包的。

玩乐一层，是最热闹的，汉唐宋明之鱼龙曼衍，所谓百戏，多在元宵举行；所有皇帝大酺的礼节，也多在元宵举行。尤其宋朝之灯节，更为重要，此见于记载的很多，《水浒》一书，便屡屡书之，所谓大放花灯与民同乐。到了清朝，大酺的礼节，虽未见举行，可是鱼龙曼衍，仍照旧举行之。例如龙灯、狮子、高跷、太平车、跑旱船、耍花坛、花砖、花钹、踩绳、扛箱、中幡、盘杠、纸鸢等等，都是汉朝就有的；后来又添上五虎、少林、钢叉、秧歌、摔跤、踢毽子、抖空竹、十番、十不闲等等。以上所有的，都名曰会，又曰游艺会；因其多办善事，又名善会，都归掌仪司管辖。每年元宵，都要玩耍几天，有庙会，更是少不了的。在清初几十年在东安门外，搭许多席棚，归官宦人家坐落，除饮茶吃点心外，便看这些游艺会戏耍，所谓百戏鞶鞳者是也。此亦从前大酺之义，故有许多商家，也现搭席棚出卖物品，此元宵前后几日之情形也。

此外尚有灯彩。家家都悬灯结彩，燃放鞭炮，所以元宵，又名曰灯节。如北平人说话，总是"过了灯节"怎样，没有说"过了元宵的"，盖元宵便成文言了。这种风气，见过记载的，以宋朝为最盛。清朝也还很兴旺，各商家都要悬灯，至少在门口，支上两个写着本铺字号的大纱灯。大商号则多有特制之灯，照自己的门面房屋制成。灯上之画，也极精致，有画山水花鸟的，有绘戏剧小说故事的，有绘各种箴规成语、嘉言善行的，各各不同。工部户部也均有灯，尤以工部之灯多而且精，游人都要瞻仰瞻仰，大家都呼曰"工部灯"，已经是一个专门名词了。最特别的是各庙中之冰灯，这种灯以后门外各庙为最好，因他接近什刹海，用水方便。于年前腊八的时候，用一大筐绑上树枝及各种景致，再用水浇其上，冻成许多冰锥，俨如山景，其中楼宇、虫鸟、草虫等等，很齐全别致。又有冰火判灯等等说也说不清。

各处也都燃放鞭炮、花筒、花盒等等，此时燃放鞭炮，与除夕元旦不同。彼两日乃专为祭神之用，此乃专为玩乐，故灯节前后三夜，都是整夜炮声不绝。街上亦游人如织，古人所谓"金吾不禁""游不夜城"等等句子，都是形容这日的情形的。这种风气，明朝也很盛，由明末某公的诗："不顾满城飞炮火，深宫犹自赏春灯。"就看得出来了。总之，不论宫中宫外，官商各界，男女老幼，都是欢欢喜喜，如疯如狂，满街挤满了人。所谓游人如织，肩摩毂击的乐这么三天三夜，过了十六晚上，就止住了。可是十七这天，也还有一些人家没有收拾清的，这叫作灯尾，俗话叫作"还有个蜡头儿"，言其是一支蜡三夜未点完，十七剩了一个蜡头，还要点点。请看哪一个节日，有这样地热闹。所以说，一年之中，以元宵节为最大。

还有一层，因为他娱乐的情形较重，所以古来的文人诗人，对于他都有特别的好感。例如遇到除夕、端阳、中秋、登高等日，大多数的诗词，都有感慨或寄托，而惟独元宵较少。可是，我今年对于元宵，则特别地有一种感慨，一面写，一面难过：在此地过灯节，还真是够得上一个"金吾不禁"，想起北平来，不禁就想哭出来了。

北平小掌故

灯前谈往

开场白

《大华晚报》副刊编者，嘱为写一些关于掌故的事情，鄙人才疏学浅，安足以知掌故？不过，鄙人于光绪二十年入同文馆肄业后，因该馆为总理各国事务衙门所创立，即附属于该衙门之内（总理各国事务衙门简称为总理衙门，原外交部的前身），所以关于当时政事，尤其外交的一部分，时有所闻。

光绪庚子前后，正是外交吃紧的时候，来回公事尤多。到拳乱后，外国联军进京，李鸿章为议和全权大臣，他幕府中有一于晦若先生，名式枚，与先君至交。因彼时各国联军总司令为德国瓦德西元帅，在交涉事件中，德文更为重要，于晦若先生特到舍下，约愚弟兄担任德文翻译事项，当即允其不要名义，不支薪俸，但有事必当极力襄助（后乃专用英文）。因此，便常往李合肥寓所贤良寺走走，于是彼时交涉的情形，也略闻一二。

在那几年中，有好些很大的事件，都是对国运极关重要的，而当时都是因一两句话，便成了定局。现在追忆，把他简单地写出来，大家看了，或者以为有些趣味；且或者有所警惕。又因为是想起哪一件来就写哪一件，所以事迹先后，是没有次序的，阅者谅之。

南彭北纪

清乾隆皇帝每年秋季总到木兰地方行围，驻跸热河，他的生日又正在九月，每年重九，一定在那里开筵庆贺。彼时，宰相大臣多半是很有学问的。纪文达公晓岚，固甚渊博，而彭文勤公云楣也不弱。一年，他们都随皇帝到热河，文勤拟撰一联上寿，借博皇帝之欢，乃撰上联曰："八十君王，处处十八公道旁献寿。"因是年乾隆八十岁，且该处松树最多也。久不能得下联，乃与纪晓岚写了一信，说明情形，求其代对。文达接信笑曰：云楣又来难我耶？乃在信尾空处书曰："九重天子，年年重九日塞上称觞。"彭公便把此联给乾隆看，乾隆大喜，赏了他许多东西。彭公说：这东西应该赏纪某，因为下联是他对的。乾隆说：你应该领赏，再另赏他就是，于是又同样赏了一份。彼时号称南彭北纪。

合肥对常熟

光绪中叶，合肥李鸿章为文华殿大学士，这可以算是首席的宰相，常熟翁同龢为户部尚书。适该时有几年荒旱，于是尖酸的文人撰一联曰：

宰相合肥天下瘦，司农常熟世间荒。

虽没有什么意义，而联语则颇新颖工稳。

大权旁落丫姑爷

南皮张文襄公之洞，在两湖总督任很久，确很锐意维新，励精图治。乃晚年精神稍衰，公子留学日本，毕业回来，刚进衙门，便坠马而死，因此，意志更觉颓丧，于是把不十分重要之事多靠张彪处理。在一个时期，正是端方为湖北巡抚，与文襄为世交，又系晚辈，且对文襄之学问又极佩服，一切政事多尽文襄做主。故当时有一联云：

> 端拱无为，一事依违老世伯；
> 张惶失措，大权旁落丫姑爷。

因张彪曾讨文襄之丫头为配，故下联云云。

"批李掌"对"拔花翎"

光绪甲午之败，李合肥受责，特降谕旨撤去黄马褂子，拔去三眼花翎。一日刘赶三演戏抓现跟说：你们以后要好好做事，你们看我把黄马褂撤了，三眼花翎也拔了。适有合肥后人某君在楼上观剧，登时用茶壶打上台去，并派人到后台非把赶三带走不可。幸经许多人跪求哀告，把赶三打了几个嘴巴，才算完事。由此可知，在中国演戏，不容易用现在的事迹。其实，彼时德国曾演过一剧，名曰《黄马褂》，其中自然也有人去李鸿章，这在中国是万不能行的。本来，倘有人在台下看见有人装他的祖若父，那怎么能够不怒的呢。彼时有一部小说名曰《东海传奇》，中有一回专述此事，题目为"闷受两腮批李掌，恼闻三眼拔花翎"，对仗也很工稳。惜该小说后来未见出版，然手抄者，鄙人却见过三部之多。

啥是个恽南田？

张作霖得胜到北平，手下人劝他讲风雅，买书画，因此琉璃厂古玩字画商大为活动。一日，一人持恽南田画条求售，告以此是南田的画，张曰："啥是个恽南田？不要！"又有人持去李鸿章之字，张大为欣赏，因他知李之名也，乃大买而特买。在琉璃厂中，李之字并不多见，且无赝品，因向无人收藏。至是乃群起作假，多发一些小财。张走后，又没有人买了。抢先造假的人，统统得售，以后的人，则皆未售出，又而赔了不少的钱，投机的人，往往如此。投机在多事的时期，扰乱社会安宁，在太平时期也足以坏人的心术。

保清灭洋

西后最初也不见得深信"拳匪"，他所以重用者，只为"拳匪"大旗上之"保清灭洋"四字。按康有为最初主张，本是君主立宪，逃到日本后，西后当权，他知道无法立宪，乃改为"保中国，不保清朝"。有人奏知西后，西后大怒，下过两三次上谕，说康有为"保中国，不保大清"，以为这个罪名加于康之头上，必然全国痛恨无疑的了。岂不知许多有志之士都是赞成的。西后更怒，乃派旗人庆宽号小山，到日本谋害康梁。因日本警察保护，未能下手，西后恨极，然亦无法；但"保中国，不保大清"一句话，时时记在心中。

适山东"拳匪"作乱，被袁世凯赶到直隶。时直隶总督为裕禄，大为欢迎。按"拳匪"成立最初，只以教案为借口，号召无知人民，故旗上大书"消灭鬼子"。后裕禄为改"保清灭洋"四字，"拳匪"也很以为然。裕禄便将此奏知西后，大喜，以为此四字正针对"保中国，不保大清"七字，于是重用"拳匪"，并派王公大臣等督办练拳，遂成庚子之祸。

新名词就是新名词

张文襄公之洞之学问，在清末首屈一指，惟最不喜欢人用新名词。

一日，在部中看公事，见一卷公事中有用"之"者，乃批其旁曰："此系新名词。"俟该公事送回科中，科员有路君孝植者，路润生先生之孙也，见之颇不以为然，即又批其旁曰："新名词三字，亦是新名词。"当即将该公事置于架上，过了些天，已经忘了。

一日，文襄忽又要看此卷，遂由司长往架上取出呈堂，文襄刚一打开，司长在旁即看见路所加之旁批，大为惶恐，然亦不便说明，只好俟堂官发落。文襄见及后只默然不语，若有深思，旋即问曰："路某乃润先生之孙耶？"对曰："然。"文襄曰："不愧为名人后裔。"据司长云，文襄所以默默移时者，盖默读旧书也。倘旧书中曾有"新名词"三字，则路君或将受惩罚，也未可知。

吾国人无论任何一种学问，多数都是守旧，其实无论哪一种都是日有变更，不必说周朝的文与现在不一样。就只说周朝春秋时与战国亦大不相同，又何必非旧不可呢？这话又说回来啦，如今的新人物，则以为旧的一概要不得，他的毛病与此正同。

过了河拆桥

光绪戊戌政变，废掉八股的考试。西后专权后，对此事并不十分重视，因为他听见说在康熙年间曾经废止过一次，所以他问各大臣，此事应如何办理。一群佞臣当然都主张仍考八股。尚书徐某曰：八股文章乃歌颂功德，润色太平的工具，岂能废掉？

又一位曰：这是翁同龢过了河拆桥。

西后问：何谓过河拆桥？

乃奏曰：康有为不见得真意反对八股，因他没能力中进士气不愤（气不愤乃北方话），所以想废了他；翁某进士出身，而也想废掉岂非过河拆桥吗？

西后说：既是大家都不愿废，那么我们还要把桥修给大家走，为的大家方便。

有此一语，八股又闹了三年，到庚子才废掉。总因风气不开，大众都想得个举人进士的功名，于是仍行考试，但改八股为策论耳。遂把改革的风气压迟了几年，国民的知识无形中损失了不少。近几十年来的科学进步，晚一年就要吃大亏的。

海水不能用

光绪戊戌变法，康有为逃跑，西后命务必拿获，康已上了外国船出口。西后又命用军舰急追，乃该船已去远且船到公海，就是军舰赶上也是无法可施。该军舰只得说：该船去远未能追上。

西后问：何以军舰赶不上商船？

大臣奏曰：只因军舰奉命紧急速开，未曾装煤装水，以致煤水两缺，不能再往前开。

西后问：煤可以说短少，水海中多得很，为什么也说短少呢？

大臣说：海水不能用。

西后不语，即退朝回宫。时犹怒不可遏。自言曰："不是海水不能用，是海军不能用。"还特使太监在外边察访：是不是海水果不能用？然太监亦未有敢明言。

西后的知识不过如此，不必说船到公海不能随便搁阻，这一层他不知道；就是海水太咸，他也不知道。

后来屡有官员奏请扩充海军，他绝对不答应，他不答应的理由，固然不止一端，但"海水不能用"五字，关系也很大。

智利海军

光绪甲午，日本攻打朝鲜，侵略中国，龚兆屿守旅顺，不过两个钟头就跑了。北洋的海军，不过几天也就完了。西后大恨，他所以大恨者，为国家的观念尚小，最重要的是他想高高兴兴地庆祝他的万寿，刚筹备就绪，花钱很多，竟被日本搅扰了，所以特别难过。

西后每天嘱光绪，催军机处设法挽救，于是群议赶紧添练海军。这当然不是容易事，当时有德国人汉纳根者，在中国海军中服务，颇得信任。由秦皇岛只用一个火车头把他载到北京，专为商量添练海军之事。他听得之后，即回与德国公使商定。次日，由公使到总理衙门对诸位堂官说："添练海军非一二年内所可办到。"诸位堂官说："有什么办法没有呢？"他说："若想从速，则军舰可以买现成的，但驾驶也须有人。"堂官问："可以雇吗？"他说："最好是雇智利国的船员，因为他们驾船的技术好，且或肯应雇。"堂官将此奏明皇上，告知西后，西后大喜，以为这个国"又智又利"，必能如愿成功，催着赶紧照办，惟日期不久，就割地请和了。

以后，太监中恒有谈及此事者，说太后常说"可惜太晚，智利事来不及了"。按德使建议雇智利人员一事，翁文恭公日记中亦载之。

皇上没有病

光绪戊戌后，西后独揽大权，看着光绪如同仇人，天天想把他害死。但因为有许多人恭维皇帝一时未敢动手。乃把他囚于南海之琼岛，四面是水，只北面一桥，永远吊起，且有亲信把守。过了一年多，乃设法谋害，说"光绪病了"，天天使太医院官员发表光绪的脉案，说皇上病势如何如何，情形一天比一天沉重。照脉案说，绝对活不了多少日期了。

忽英、法公使，与总理各国事务衙门交涉，欲荐一西医代为诊治，西后不得已请其医治，看过之后，将情形报与英法公使。次日两公使来到衙门，堂官问其看着皇上病势如何？怎样治疗？英法公使答曰：皇上没病。总理衙门奏闻西后。西后大怒，然亦无法。但自此不敢骤然谋害。可是仇视外人之心日深一日。适山东"拳匪"作乱，袁世凯把他赶到河北省。西后与端庄两王商议，遂决定利用"拳匪"，杀尽外国人，以解心头之恨。于是乎就闯了一千九百年几乎灭国的大祸，其最大的原因，就是因为"皇上没病"一语。

佛爷帽花太沉了吧

前清西后垂帘听政，国事日坏一日。

当时咸丰皇帝亲弟兄三个王爵，若同心协力匡扶谏阻，也未尝不可补救，但三人德行都不错，可是心思不大一样。醇王是一味恭维西后，不肯得罪他。恭王是很想做事，而不肯太阿谀太后。惇王是一味正经，不苟言，不苟笑，总说西后不爱听话，所以西后最不喜欢惇王。惇王每日到军机处，坐在一隅，与谁都不交一言。各军机大臣未到，往往他来在前头，朝事已完，他方走。因此各军机大臣也不敢不小心办事。他虽然一句公事不谈，可是于朝政很有益处。

一日，惇王进内见到西后头上所戴红宝石帽花特别大，他很不以为然，乃说："佛爷的帽花太沉了吧？"西后面微红，强言曰："可不是嘛！我很喜欢他。"

由此西后越不喜欢惇王，以致连军机处也不常到了。按西后固然不敢骤然不许他过问军机处，但处处不给面子，使他大为灰心，便懒得去了。由此政治更日坏一日，这也可以说是为了这一句话。

宁送朋友不给奴才

光绪戊戌政变正吃紧之际，西后在颐和园召见亲贵商议。西后说："听见人说，不久西洋人将要把中国给瓜分了，你们听见说这样话了没有！"

某人奏曰："各国都是友邦，哪能如此呢？这不过都是汉人想着抓权，所以造出这些谣言来哄皇上，以便稳固他们地位。"

某亲贵奏曰："洋人虽然可恶，也不见得如此。且中国这样大，也不容易就会分了。再说，西洋人也有真正是我们的朋友，佛爷请想（佛爷二字乃宫中称呼太后普通的话）：我们要修炮台，他们就给我们修，要买枪炮兵船等等，都也卖给我们；他们要真想灭我们的国，他们肯卖给我们这些东西吗？我们岂不可以拿这些枪炮，打他们吗？"

西后一听，这话真有道理，该亲贵又奏曰："西洋各国总是朋友，汉人总是奴才。"

西后闻言大为兴奋，乃言曰："宁送朋友，不给奴才。"以后，便以此八个字为宗旨，乃翻然把光绪赶走，将许多人问罪，依然守旧如故，于是国事更一天比一天坏下来了。

为刘坤一轿夫

前清，每年的大庆贺日期，为冬至、元旦及万寿三种。每逢这三天，各省官员都须到万寿亭去，对着万岁的牌位行三跪九叩首礼，礼至重也。

刘坤一一次行此礼毕，出堂刚要上轿，见四个轿夫都戴红顶，且有穿黄马褂，戴花翎者。刘很惊异，遂问其故。盖四人在讨洪秀全之时，都因功得过头品顶戴，并有赏穿黄马褂及赏戴花翎者，后事平，裁兵，就都退伍，没有法子只好当轿夫。

刘问：何不早说？

答曰：倘早说恐怕大帅就不用我们了。

问：今天为何又穿戴起来？

答曰：今天见大帅非常高兴，我们又喝了几杯酒，一时高兴，也就穿戴起来了。

刘即检查询问都是实情，于是另眼相看，请四人吃了一顿饭，亲身作陪，畅谈往事，每人送了一二千两银子，请他们回家过安定日子。

按这样情形，在从前皇帝时代，时局不靖，则招募军队，乱平则退伍，本来是很平常的事。不过在前清的时候，旗兵没有退伍之说，不打仗也照样吃钱粮。汉人则无此待遇，退了伍就须自己谋生。从前的军人多数都不识字，一经退伍，便无事可做，既无恤金，又无养老费，社会中也无辅助这些人员的组织，自己又无技能，只有靠自己气力吃饭，便当了抬轿夫。说来也很可怜可叹！现在可比从前好多了，政府都有奖励，社会又有慰劳，报纸也给宣扬，是何等的荣幸啊！

你们要你们的

前清光绪庚子（一千九百年）"拳匪"之乱，固然由于仇视教会，其最大的原因，还是西太后想借此把光绪干掉，而各国公使，却帮光绪之忙（此层另详）。西后大怒，乃使"拳匪"攻打使馆。待八国联军进京，与李鸿章议和时，最初该括的条款，才十几条，送至李鸿章处，意思是认可这些条，便可商议，否则，即进兵至西安。

该若干条中，当然是要求惩办祸首及赔偿等等。但是，头一条，即是要求西太后须将政权交还皇上（所谓归政）。其实这一条，倘若应允了他，对于中国，也未尝没有很大的好处，因为彼时光绪是主张维新的。而西后则守旧，并常听太监及小人之言，糊涂万分。倘光绪主政，则或可能逐渐维新，就说革命，也或可少流些血。而李鸿章不敢，何也？因为他知道西后必不肯应答，在他与西后之间，便要费许多的话；倘议和破裂，外兵必要往西赶上去，如此则不但人民多遭涂炭，且李鸿章便有逼宫的嫌疑，他当然不肯做这个难题。当他看了那些条之后，并未动色。次日，各公使前来会晤，他第一句话便说："你们要你们的。"言外之意，是你们不必管我们的事；且语气说得很坚决。各公使也以为只要于他们自己国家有便宜，又何必干涉这些事呢？于是当时即把此条废去。

按这一件事情，在李鸿章于旧礼教中所谓臣节二字，总算无亏，可是因废去此条之后，当然又添上了些别的要求，则中国暗中吃的亏比西后归政恐怕大的多。所以办政治的人，应该在大处着想，不要老拣容易的办。这层在外交界中，尤其重要。老奸巨猾四字，鄙人绝不敢加于合肥的头上，但避难就易之心，确是有的。鄙人很希望现在政界诸公，不至如此。

有饭大家吃

民国以后，遇到有钱的差使，所谓肥缺，都是彼此相争相夺，可是应办的事情，却没有人去管。到黎黄陂当总统，各位官员仍然如此。黄陂曾说了一句话："有饭大家吃。"于是舆论翕然，都以为他这一句话公道而仁慈，和平而正直。

按这一句话，在那争夺扰攘的时期，似乎也确是不可多得，实在未可厚非的。但是身任大总统，所以训谕属下者，仅为大家吃饭，终归是令人失望的。国家设官分职，拿着国民膏血换来的钱，是为替国民办事的，而不是专为吃饭的。倘果真吃饭能公平，便算尽职，这未免有背公仆的道理。可是这些年来，自然有此现象，为了一笔外援，你争我夺，结果人家都不肯给了。为公服务的人，如果目的在于有饭大家吃，哪里还能望好处去想呢？

可是这话又得说回来，在铁幕里头，那是只许一个人或极少数人有得吃，别人不但不许争，且不许问。

最高的恭维

张文襄公之洞总督两湖时，一日，他的生日，大家宴集，文襄亦在座。此时，本是不拘礼节的。有人提议：今天大家应该各做一诗恭维督宪，不必庄重，可杂诙谐，谁恭维得最高，谁算第一，不但大家要庆贺他，督宪也该有奖赏。诗成，易实甫考第一，他的诗是：

三十三天天上天，玉皇头戴平天冠。
平天冠上树旗杆，中堂乃在杆之巅。

左文襄公撰戏台联

左文襄公宗棠与曾文正公平江南后，接着又平定新疆，功高望重，拜相封侯，汉人在清朝之有勋业者，总算前几名了。左公在甘肃兰州建一会馆，中有戏台，文襄亲自撰联云：

都想要拜相封侯，却也不难，这里有现成榜样；

最好是忠臣孝子，看来容易，问他作几许工夫？

句句是说的戏，可是句句是说的自己。不过，随便丢失地方之人，总是不应该封侯的。

姜段秋操

袁世凯时代，曾经举行过一次攻防战的操演。甲方面司令为段祺瑞，乙方面为姜桂题。备有大宗的奖品，以奖优胜之军。俟演习毕，判断者以为段占优胜。

姜不懂而不服，非要得奖品不可。评判员当以操演之详情告之，云：汝某某处破绽太多均已失败。姜云我并未败。评判员云：此系假设，如某处汝未设防，某处炮兵阵地已失等等。姜仍不服，于是大家解和另战一次。姜应允，仍以姜为守军，改于夜晚演之。又被段攻入。评判员又要把奖品给段，姜抗议曰：为什么又算他胜？评判员曰：他已攻入。姜曰：我四周埋了许多地雷，他们兵早被轰死无遗，怎说已经攻入？评判员说，你事先并没有埋地雷的工作呀？姜说：这都是假设安用真埋呢？不由分说，带人将全部奖品搬走。

段生气亦无法，后由袁又备了一份给段才都算完事。段之鼻梁本稍歪，人云是由姜气的。

按现在情形说，无人不笑姜之无知，但此系时代的关候，现在我们所做的事，将来难保不被人目为有如姜桂题之所做者，实在值得警惕。

哪有七十多岁的老头子革命的呢？

前清大臣中知道世界大势的只有两人：一即北洋大臣李鸿章，一即南洋大臣刘坤一是也。当合肥任直隶省督时，革命前锋唐君才常几位，到天津谒见合肥，合肥当然知其来意，乃使幕府某君代为接见。某君问：应如何答复？合肥曰：哪有七十多岁的老头子革命的呢？于是大家都知道他不反对革命，只不过他自己不肯革命耳！

后唐君等到湖北，不幸遇难，但革命在北方流血甚少，暗中合肥与有力焉。由此，西后不喜合肥，后乃去职，一切差使完全开缺，只剩下一空桶文华殿大学士，此清朝未有之前例也。

英商等于徐桐

　　徐桐字荫轩，在光绪时代，乃一极顽固之大臣。一次派他为总理各国事务衙门之大臣，他说：以堂堂天朝大臣，不可与鬼子打交道。竟不奉旨。朝中因其年老，亦未加以处罚；而舆论大为赞扬，说他有正气，因彼时人民之知识，不过如此也。徐桐之住宅，在东交民巷台基厂南口，现在之比国公使馆即其旧址，斜对面为法国使馆，往西隔数家为德国使馆。在庚子前，洋人很想买他那一所房子，出价颇高，而他不卖。他说：如果真想买，则非两万万两银子不可。盖甲午赔偿日本之数字也。这原本没什么不可以，独是到庚子"拳匪"围攻交民巷，各使馆戒严，并出布告各居民如在使馆界内无事者，可及早搬出，以免日后缺乏饮食。亲友劝徐迁居，徐云："义和团乃仁义爱国之民，不会仇视中国人，我们有何可怕。"后围较紧，断绝交通，他才搬出。一应细软，大致已装车，而戒严兵丁催之甚急，乃不得已而去，半路被"拳匪"抢去了许多。到达处所之后，他又催车回去运箱柜等物。下人说：现在就有多要紧的东西也不能往运了，运出来也是被抢去。他不信，还大闹脾气，亲友闻之，以为笑谈。当时我也很笑他，现在才知彼时笑的不对。为什么呢？请看四月七日各报所登英商代表已经请求其外交部要求北政府在三英里公海内实行护航，以便使船只将必要的物资运往上海的话。所谓护航一层，暂不必论，独是他们还想把必要的物资搬运出来。以堂堂自称先进国的英商，还有这种思想，则笑徐桐者可谓所见不广。这两件事情性质不一样，情形则相同。

有碍风水

光绪庚子后，意大利国占的地方，正是前清之堂子，在东长安街斜的角上。其后无线电发明，他就在那个角上竖一根大电线杆。最初还不是铁的，不过一根木杆，自然也相当的高。

一日，钦天监衙门上了一个奏摺，说：该电线杆于宫中风水，大有妨害，应令其拆去。西后告知总理各国事务衙门即以此意照会意国使馆。意公使便与各国公使谈论此事，大家都说这样的公事，无法驳辩，也无法判答，置之不理可也。于是意公使对此事始终没有回答，日久西后也没敢再问。

按各国外交，此国与彼国函件，万无不答之理，此事可算创闻。于是国家面子丢完了。

中国人最会作弊

民国初年，北平中央公园落成，中置一磅秤，任人自量体重，立在磅上以一枚铜圆纳入口内便妥。此本系极平常的事情。

一天，余与几位友人同游，见之，一人曰：此当可作弊。一人先上纳入铜圆，俟针动后，第二人再上，不意针即不再动，再陆续上几人，也不动。大家便以为不能作弊矣。

余戏曰：若用相反的办法或者可能如意。

三个人一同上去，纳入铜圆，果然针指三百多磅：一人先下磅，针即缩至二百多磅，再下一人，又缩至一百多磅，如此递减，则三人之体重皆可以知道了。

大家大乐。余曰：中国人作弊之能力甲于天下，由今起，我也在其内了。

没想到大清锦绣江山会毁在方家园

恭亲王为人确有思想，有见识，倘光绪时之政治交给他，则国势当有不同。但因他不肯阿谀西后，所以西后想用他又不敢用他，对他好一阵，坏一阵。

一日在惇王府谈天，恭亲王大发牢骚乃言曰："没想到大清锦绣江山，会毁在方家园。"

方家园者，乃西后与光绪后之娘家也。此语不知如何传到宫中，西后更怒。从此便不用恭王矣。前篇所说海军衙门报销一案，所以派他者，因为该案无人敢做报销，就是报上来，有恭亲王在旁，部中也不敢核准。西后于是派他前去，暗中便有服软相求之意。因他一出头，便无人肯驳饬也。他无法，只好应允，该案遂销。以上乃惇王第五子载津告余者，当属可信。

杨三对李二

光绪甲午之败，割地求和，全国归罪于李合肥。其实，他总算冤枉。可是，人人骂他为汉奸。

在那个时候，正有一个昆曲大丑角，名曰杨鸣玉，人称杨三的，死去以后，昆曲丑角遂绝。王长林得其百分之一二，现在叶盛章亦不过得王长林之一二；至于罗百岁、刘赶三等等，则不过皮簧中的名丑耳。

所以，当时有一对联曰：

　　　　杨三已死无昆丑，李二先生是汉奸。

以杨对李，以三对二，已死对先生等等，可以说是无一字不工不稳。按从前无情对中最有名的是："树老半空休纵斧，果然一点不相干。"而其对仗之工稳，则不及此联。后遂传遍全国。

不会加到一两二吗？

给国家做事花钱，无论事之大小，钱之多少，都得要报销，这是人人知道的。前清光绪年间，却有两个极大极难报销的案子。

第一是湘军案。曾国藩用兵多少年，花钱自然也很多，这个案子报过一回，都被驳回。以后便没有再报。当局本想觅几位大法家，来承办此事，但没人敢担任，一直到了清朝亡国，这个案子也没有报，乌乌涂涂地也就完了。

第二便是海军案。为创立海军，筹了一大笔款，只买了几条船，其余都被西后用他修了颐和园。但这个案子，必须要报销，而且只能说是用于海军，不能说是用于修颐和园。已购得的那几条船，花钱有限，且与外国定有合同，款项等等都有收据，不能加多，又不好意思与外国人共同作弊，所以好几年没有报销上去。西后特派恭亲王办理此事，所有款项只能摊派在该衙门公用款项里头，但款之数字太大，无法摊派，办了一个多月，未能将案办妥。

恭亲王着急问曰：何以许久尚未办就？承办官员回曰：实在没有法子摊派。恭王说：只把所买物件之价，通通地多加上些就完了。承办官说：一根纸媒（吸水烟所用者）已经加到一钱二分一银子，其余都是如此，不好再加。恭王曰：能加到一钱二，就不能加到一两二吗？

这本是气忿而无可奈何的话，但有此一语，该案遂即报到部中，大家都知道是西后的意思，谁敢驳回？轰动全国的大案，轻轻松松地就结束了。现在还有这样的公事没有？

畅行无阻

有许多人说中国文人好咬文嚼字，这话自然有之。但凡研究正经正史讲真正学问的人，都不如此。如此者，都是对于无聊的文章。若关于政治外交等，则绝对没有这样的人，且正需要这样的人。比方《辛丑条约》成立后，中有一条，是外国人由大沽到北京，必须能畅行无阻。有几位读书人议论这一条很容易应允，因为没有这条也不会拦阻他们。街谈巷议，也有同样的话。当时，我对友人就说，西洋人的文笔不会那么简单，尤其关于外交的文字。这些话，当时不过是闲谈天。后来一拆交民巷水关城墙，政府不高兴，大家也议论。他们专横，他们说这是条约规定的。政府人员说，条约并未允许拆城墙。他们说，如果中国把城门一闭，我们何以能够畅行无阻呢？

从前许多事情都是如此，现在自然比从前好多了，但我们仍应时时小心。

文章与口令

在民国十几年的时期，四川一省最为扰攘，带兵者各自为政，各自为界，谁也不知道谁和谁一伙。余友某君，虽非军人，而于政治上颇多活动。所以各带兵者，多与彼有联络。

一日，余友夜间欲到某军部，路上适遇守卡之兵，问以口令。某君自以为连我都不认识还要问口令，不觉大怒，随口骂曰：混帐！守兵即随放过。俟到军部，与长官述及此事，长官说守兵何以连阁下都不认识，真是对不起。某君又问曰：他既不认识我，何以骂他一句便许通过呢？长官想了一想，大乐曰：今日口令为"文章"二字，你骂他"混帐"，你是南方口音，混文二字之间有些相似，他一定是误听为"文章"二字，遂放你通过了。某君一想亦不禁大乐。

以角洋为门照

前清末年，保定府立有"武备速成学校"，后改"军官学校"，曾经热闹一时，因有许多阔人也入校受训。当时城门禁令颇森严，夜间关城之后，如持有"门照"，始可叫开门。其时有许多当教员者，城内城外学校多有兼课，夜间出入恒感不便，倘无门照，或有门照而忘却携带，则走到城门，势必碰壁。于是大家聚议，设法与城门警员作弊，但不知能否办得通。

一日夜间，由一人持纸包几角银洋，即行叫门。门警问：有门照否？曰有，随即持纸包隔门交彼，彼曰：这是门照吗？答曰：那不是门照是什么？说时语气很硬，门警遂开门放进。以后，大家便放心，虽无门照，亦不至碰壁了。

今夕只可谈风月

五代的时候，有一个宰相（恕偶忘其名，案头一本书也没有，无法可查），于上元夜大宴僚属，与众同乐。乃属员有欲由此接近宰相者，多谈公事，希望援引。宰相一看事情不妙，乃发言曰：今夕只可谈风月。于是大众不便亦不敢再谈求援之事。结果尽欢而散。

清朝翁常熟相国，以宰相兼户部尚书，亲撰客厅楹联云：

喜听四座谈风月，闲共三农话雨旸。

上联切宰相，下联切农部，语意闲雅，对仗亦工，颇为传诵一时。

五十余年以来，此事已成陈迹，五代时事，更不容易再看到了。不意此次杜鲁门总统招待我们李副总统，大有这样的意味，真是梦想不到有如此巧合事情，乍听之下，为之感叹者久之！

咱不会拿吗？

承德府原名热河，在有清一代，是最重要的地方。当满清进关的时候，大多数的兵马都是走的山海关，其中一部分乃由热河来的。于是知道这是一条较近的路，乃在热河大修行宫，其原意乃是倘在中原失败，则可由此路撤回。故各位皇帝都是常常游幸热河，尤其乾隆，每年必到一次。于是行宫中的陈设，也特别讲究，凡北京宫中有的，差不多那儿也都有。

其后若干年，因为皇帝未曾去住，所以里头的东西散失的很多。

有熊君者，曾主持该处，偷拿些东西自是难免的事情。袁世凯时代又派姜桂题带兵驻守该处，熊君即以宫中摺扇几柄送姜，当然是有意义的。

该扇扇股的书画雕刻，扇面的书画，都是当时的名人手笔，而姜不懂。幕府中人为之讲解，姜问他这是哪儿来的？对以当然是由热河行宫中拿出来的。姜曰：咱们不会拿吗？此语可谓痛快之至，虽然不算正当，但比偷了国家的东西还装好人的那一群人，似乎还差强人意！

盗跖庙联

某县有盗跖庙，每年黄梅时节，香火极盛，但烧香者多系妓女。某名士撰楹联云：

歧路等亡羊，说什么为忠为孝，为圣为贤，大踏步跳出了礼仪范围，独让我柳下惠兄光青史；

世途堪走马，哪管他成佛成仙，成神成祖，小法身得享此春秋祀典，但看那花间小姐祭黄梅。

这种对联极难措辞，盗跖不能恭维，而给他的庙做楹联，也似乎不能贬。此联语意，纯以诙谐出之，颇觉巧妙。有人说：为什么盗跖还有庙，且有人给他烧香呢？这话问得自然不错，但也很容易回答。北方这些年以来的贪官污吏，准比盗跖好的了多少吗？固然在报纸上，也时时看到骂他们的文字，可是也有许多人巴结他们，恭维他们，这不就等于给盗跖烧香吗？不过，前边说给盗跖烧香的多是妓女，现在恭维贪官污吏的不一定是妓女；但细细按之，性质也差不了多少。

库丁歌

北平从前有库丁歌曰：

浑身脱得净光光，偷得金银无处藏。伸脖摇头打响嘴，蹲身劈腿手伸张。

按前清户部银库，必用库丁，又名库兵，凡搬运堆放银两，都归他们担任；每日工作完毕，必须赤身走至官长面前，两手旁伸，两腿劈开，再用舌打一响嘴，以证明嘴内，肛门内等处，都没有夹带藏掖，方许穿衣出门。其实，库丁都是很发财的，头目尤富，都是预先和交库之炉房等通同作弊；有时和库官合作，有时也背着他。大致工人阶级最发财的就是这项人了，所以北平从前地痞土棍，常有抢库丁的举动，抢了去使他花钱来赎，就等于现在的绑票。

虎神营

前清旗人的军队，都是生长于满洲、内蒙等处，身体都非常的强壮，不但进关的时候所向无敌，以后平定新疆、西藏、内外蒙古等处，也全靠他们，所谓八旗劲旅者是也。后来国内外无战事，就渐渐地废弛了，兵丁都变成吃喝玩乐游手好闲的人，军额虽然还有那样多，但完全不能用了。咸丰、同治以后，感觉外国兵太强，自己所有的兵敌不住人家，乃又练新军，仍然全用旗人。因国人都呼西洋人为洋鬼子，所以新练之军，赐名曰"虎神营"，以为虎可吃洋，神能制鬼也。这个名词，自然是很可笑，但中国多年以来，许多事都讲厌胜，只要能认真好好地练兵，再能效法西洋用科学制军器，则虎神二字也未尝不可用，但若专靠虎神两个字，则可以说是糊涂极了；后有人建议，就这两个字不雅，才归并为神机营了。

金汤永固

　　天津大沽炮台修成后，西后派醇亲王前往察看。醇亲王不但未见过外国的炮台，且未见过外国的军舰，以为这样炮台，一定是不任什么样的船，也不能进口的了，大为兴奋。回京后，把各种情形奏知西后，末尾结句一语曰:金汤永固矣。

　　这一句话不要紧，把中国毁得不轻。西后本是一个不安分的浮躁人，在洪秀全、英法联军等等情形之下，闹的他当然头昏，所以建海军，修炮台等等的政事，也很努力。不过他永远没忘了乐和，但是一时不敢耳。这次听见说金汤永固四字，他可放了心了。于是决意要乐和乐和。

　　彼时，慈安太后(东太后)早死,他更为所欲为。最初主意,先想重修圆明园，因工程太大，未敢动工，乃改为重修颐和园,还是只修了前半面。瓮山(后改名万寿山)的后面没有修，可是就把全国筹备练海军的一笔款，花了个河落海干。按说那一宗款项，就重修两个颐和园也是足够的，不过政治腐败，都入了私囊，当然就不够了。

把住大门就是了

前边所提的重修颐和园，动用海军款项一层，也是因为一句话的关系。

当西后想重修颐和园时，因南方用兵十几年，库币空虚，这宗巨款实无法筹措，想来想去，想到建立海军这一项较为现成，不用费事。但英法联军进京的恐怖，还未忘遗在心里，故未敢骤然动用。可是修颐和园，乃内务府人员及太监等发财一个大好机会，他们怎能不极力设法促其实现呢？于是大家商议多次，说：我们建立海军乃是为的打鬼子（洋人也），现在大沽炮台已修好，便是大门已经关好了，只要把守住了大门，他们进不来就够了。至于他们的军舰来了，也不过海里闹腾闹腾，有什么要紧呢？

于是告诉西后，西后大喜，连说：把住大门就是了。遂决定用了海军衙门之款。我国海军从此便未能前进一步。按说这件事情，倘若当时各位大臣能一齐反对，便不见得不能阻拦过去，然而一群大臣，都是专讲逢迎谄媚之辈，谁也不肯为国家民族设想及出力，以致闹得中国多少年，不能翻身。

我甚盼望，现在执政之人，不至于此！

三不许考

北平有数年学风最坏，办教育者外行，又不肯用心，闹的各大学里上课的学生很少。

一日，教育部派人去查学，有几处简直没有学生。到北大第二院，有一教室，居然有学生，然亦不过十几人，去足数尚远。可是手中都没有书，查学者相当地满意，——及一细看，多数都是小说。

一次北大年底大考，学生来考者，多未上过课。校长出告示，有许多学生不许考，于是有某报登了一段新闻，说某大学之学生，有以下三种情形者，便不许考。

一、当初学校招考时未报过名者，不许考。

二、已报名而无故离去者不许考。

三、学生虽尚在校，必须亲自到校，若拿一名片来者，不许考。

此当然是一种讥讽的话，但考试时，学生确未上过课者，则大有人在。

伯理玺天德

现在明了这个名词的人，恐怕很少了，在前清则是常用的，在外交文件中，尤其时时可以看到。因为彼时尚没有总统这个名词，所以把 President 翻成了这五个字。如在公文照会中，都称大清国大皇帝，大美国大"伯理玺天德"，绝对没有"总统"两个字的。

历朝中国人翻译外邦的文字，都是拣不好字眼来用，或加一口字旁。自与西洋各国有来往后，由西文译来之文字，多半由外人主持，中国人助理者，亦皆迎合其心理，故皆用较优美之字，如美、德、法、英等等是也。这"伯理玺天德"五字，也是如此。伯，乃五霸之霸字；理，是有道理；玺天德三字更容易明了。于是中国人便看着这个名词非常神秘，旗人尤甚，他以为"玺天德"，乃是继续上天之德行的意思，所以他们对此非常之重视，以为能继续天德，似乎比天子二字之意义还高一等。

为什么忽然说到"伯理玺天德"这个名词呢？这也有个原因。

戊戌变法，大多数旗人自然都是极反对的，但彼时康有为等与翁同龢诸君，联合想扶助光绪，推倒西后而已，并未想打倒满清也。在旗人中，也有一部分人爱戴皇上，不满西后者，这些人，最初对康有为并无十分恶感。

一日，康与同人闲谈，说到共和国怎样好，共和国没有皇帝，只有伯理玺天德。有人问他：如果成了共和国，你也可以当伯理玺天德吗？康答曰：那是自然。

此本是闲谈，但这话传出去，旗人大为惊讶，赶紧跟到颐和园告知西后说：这就是康有为大大的罪名。西后也很以为然，所以后来西后的上谕中，曾特别提出此语，以坐康之罪。他以为这个罪名，可以算罪大恶极了罢，把他加在康的头上，一定可以镇服人心的了！

都是一样

中国全国未有铁路之前，先在北京西苑修了一条小铁路，由中海瀛秀园到北海，专供西后游玩乘坐，乃英国人所以修筑此者，为的引起西后兴趣，好准其包修各省铁路也。西后乘此，当然觉得新鲜有趣。

一日问英国人曰：你们国中的铁路，也是这个样子吗？

英人答曰：是。又问：民人也可以乘坐吗？

英人答曰：都是一样。

西后默然，乃顾左右曰：都是一样，那太没有高下等级了，足见外国没有礼法。

因此一句话，全国铁路之兴修，又多迟了几年。其迟修的原因，固然不止一端，但这句话，也很有关系。此系听见某一太监说的：当有可信。

朝阳门外广安门外两石路

这两条路的性质约有两种。一系皇帝观操，从前每逢年终，炮兵都到卢沟桥去演，一直到清末尚如此；明朝及清初则往往到东苑（此事余另有文述之）。又兼全国所有北平以南各省之货物，通通都经过长辛店或通州，再由骡马车运往北京。因这两种关系，所以都特建筑石路。后来，有了铁路，两条路就都用不着了。到七七事变以后，日本人修建平津公路，才把朝阳门外旧石路拆完。至广安门外之石路，则系因为用石头，也使零碎拆去了。回想起当年长辛店及通州两处，是何等繁华，从前北京南货发行店招牌都写"照通发"，意系照通州之价钱也；长辛之街，号称五里地长，则其热闹可知。以上各路是日本人给拆的，可是拆了之后又修成柏油路，意

义如何，暂不必管，足见人家日有更改，时有进步。

三十年前吾国人就有一种议论，说外国人动工是为工程，中国人动工是为自己。譬如一段马路，外国人看着这一段破坏太甚，于行人运输都不方便了，便赶紧请求上峰修理；中国人是计算计算这段工程共需款若干，其中私人可赚若干，他以为值得动工，便上签呈请修，倘款数太少，他便不屑请修，至于行人如何，那是第二层。以上这些话自然有些过甚，但也绝非完全谣言，在前清有许多事情都是如此。就只说河工一节，算是举一个例。黄河开了口子，便是河工官员发财的机会；倘有几年不开，则官员无法大量赚钱，乃设法自己挖开，即上奏摺，报称决口，则国家必发帑堵口，于是各官皆得从中渔利，大发财源矣。按决口后该河工总得处分，大致是革职留任，以观后效，这些字眼；但打堤合龙之后，则必恢复官职，只不过几个月没有顶戴，为时甚暂，而财则可大发，故皆乐为也。现在各事虽不至如此，然有时也有这样的嫌疑。

北平的街道

北平城内，从前只有由前门到永定门一个大街为石头道之外，其余都是土道，名叫甬路。各大街之甬路，都是高与人齐，矮者也有三四尺高，两旁的便道也很宽，但除小商棚摊之外，其余都是大小便的地方，满街都是屎尿，一下雨则都是水洼。甬路上头，浮土都是一二尺深，步行可以说是万不能走，所以北平有两句谚语："无风三尺土，微雨一街泥。"又有两句是"不下雨像个香炉，下了雨像个墨盒"。这话现在听着仿佛有点新奇，其实从前确系如此。所以皇帝出来，必须现修街道，所谓黄土垫道。

光绪年间，外国的公使屡屡要求修建石子路，最初是建议，继乃请求，后乃要求，但政府商议多次，都说皇帝出来才修土道，岂有给外人修石子路之理？恐于国体有伤，所以始终未准。到甲午以后，国势大弱，各国气焰一天比一天高，要求非修石子路不可，政府不得已，才于光绪二十五年把由东交民巷至东堂子胡同一段修成石子路。但只修到总理各国事务衙门门口，以便各国公使到衙门时，走着平坦，该胡同东半截则未修。这可以说是真正是为外国人修的了。朝中大臣知识如此，你说可笑不可笑？

到光绪二十六年以后，各国占了北京，才提倡修路，最初还是日本人提倡的。今来台见此地大街之路，都修得很好，所以想起了北平的旧式街道。

北小街之石路

明朝不必说，有清一代，北京旗人上至王公宰相将军督统，下至兵丁以及满汉文武百官，都是吃的南来之米，所谓俸米是也。此米产于江浙等省，经由运河到北京，贮于各仓，所谓京通十七仓。此种仓由通州起，沿路都有。因北平地势高于通州者数丈，船不能直达。沿河有闸四道，船到闸下必须换船，换船之处多设仓廒。永久存米者，则多在北平城内。朝阳门南只有一仓，曰禄米仓，其余如南新仓、北新仓等等，都在朝阳门以北。因由朝阳门外河边运到仓内，须用牲口拉着大车，故特把此街修成石路，以利运输。后来到了七七事变，日本占据北平，才把他给拆了。

按运米这件事情，对于北平的官员人等，自然是有益的，但确为清朝极大的虐政。在南方每年由地方官收米时，其成色之名词曰"干圆洁净"。这四个字就给了收米的地方官，一种大大贪污的方便，交米之农人，把钱化到了，就容易交纳；否则便多方挑拣毛病，多好的米，也交不上。于是农人就被欺侮了二三百年，但日久了，大众也就忘了他是虐政了。以上是就接收米一方面而言，至于放米的一方面，似乎不应该有什么虐政了，可是其弊更大。按这种虐政，还是光绪庚子年，日本人给解除的呢。此事说来话太长，当另有文详述之，兹不赘。

北平几条石路

北平城内外有几条石头道，现在已都拆去，一是朝阳门内北小街，二是前门至永定门，三是西直门至颐和园，四是朝阳门至通州，五是广安门至卢沟桥。

这些石路有明朝修的，有清朝修的。在刚修好前些年，当然是很平坦，后来经车轮辗压，便成了两道深沟。车轮坠到沟里，是不要想能出来的，兼以石块的软硬不一致，年久了，有的尚如原样，有的已残缺。很多更是高低不平，坐轿车走路，一不留神，便碰得头疼发昏，远不及在土道上走较为舒适。而又永远不再修补。吾国从前的政事，多是如此，幸而目下是这几条石路都已拆去，改为石子路或柏油路了。

当年之所以修，后来之所以拆，其详细情形，都有些历史的关系，有的是与国运有关的，有的是与国际有关的，其详当另为文逐一细说。

前门到永定门之石路

　　这条石路有两种用处：一是为皇帝祭天上天坛，二是为上南苑。南苑又名南海子，明朝就为皇帝春冬秋狩猎之用，里边养着许多鹿、黄羊子、四不像子等等。到清朝康熙，每年在苑中总住两三个月，故里边有四处行宫。一为旧宫，在苑内东北。二为新宫，在西北角。三为团河，在西南。四为晾甲台，在东南。后雍正时代，特修建圆明园，以后皇上就不到此处了。至光绪十几年，永定河决口，把南苑围墙冲倒，各种兽跑了个干干净净，虽经捕回不少，然永不在此狩猎了，可是每逢冬至大祭，倘北口来的兽类祭品及赏赉不足数时，则仍由此处补充。

　　迨光绪二十年前后，西后才知道西洋人都住洋楼，大为羡慕，想亦建筑洋楼，而宫中无此章程，乃改扩充中海；但国库空虚，无款动用，于是包建该工程之申昌木厂，代出主意，把南苑内之地卖为农田，所得之款，足够建筑几座洋楼之用。西后即如此办理，乃将苑之地完全售出，建了几所。如怀仁堂、居仁堂等，都是此时所建。但是楼的建筑之土气，则足见当时出主意的人没见过世面了。南苑售出之后，此段石路就算完全没有用处了，然亦未拆去，俟七七事变后，才翻为柏油路。

西直门到颐和园之石路

这条路是自明朝就有的，清朝雍正年间，又重修了一次。明朝的骊宫都在西山，所以有此石路。惟明末清初，所有宫殿，大致毁完，雍正年特建圆明园。皇帝所以爱住骊宫者，因宫廷规矩森严，皇帝也不能太随便。譬如吃饭，皇帝及皇后、贵妃、妃嫔等等，都是各人吃各人的，皇帝想召一位爱妃同吃，便不容易。若在骊宫，则可随意。惟康熙时，尚未修建，因故宫的记载，康熙永是住南苑，雍正以后才大事兴修，乾隆时建筑更多，如瓮山、御泉山、香山等处，都有行宫，所谓三山五园，但石路只到御泉山。雍正以后，四个皇帝都是住圆明园，大约每年总住七八个月。咸丰尤乐住此地。有四个爱妃，都是江南人，且都缠足。此节见过记载，兹不赘。英法联军进京，把几个园通通抢了，也烧了。咸丰死后，未再修，因之，各石路也都毁坏。光绪年间，西后修颐和园，而石路则未大修，只找补了找补，可是在路两旁栽了两行桃柳，由西直门高梁桥，一直到颐和园公门，隔一株柳树，夹一株桃树，春天颇为美观。西后死后，又冷落了。如今柳树尚多，桃树则存在的很少了。石路亦日坏一日，到七七事变，日本人把他拆去，完全修成柏油路，如今柏油路又将坏了。